新媒体
运营与营销实操手册

向登付 / 著

中国商业出版社

图书在版编目（CIP）数据

新媒体运营与营销实操手册/向登付著.——北京：中国商业出版社，2020.1
ISBN 978-7-5208-0977-1

Ⅰ.①新… Ⅱ.①向… Ⅲ.①传播媒介-运营管理-手册②传播媒介-应用-网络营销-手册 Ⅳ.① G206.2-62 ② F713.365.2-62

中国版本图书馆CIP数据核字（2019）第251842号

责任编辑：刘毕林

中国商业出版社出版发行
010-63180647　www.c-cbook.com
（100053　北京广安门内报国寺1号）
新华书店经销
北京紫瑞利印刷有限公司印刷

*

710毫米×1000毫米　16开　17印张　200千字
2020年1月第1版　2020年1月第1次印刷
定价：58.00元

*　*　*

（如有印装质量问题可更换）

前　言
PREFACE

在本书的开头，我想请大家先思考这样一个问题：究竟何为新媒体？

简单来说，所谓的新媒体，其实就是互联网和互联网技术支持体系中的一种新形态媒体。相对于广播、电视、报刊和户外媒体等传统媒体来说，新媒体也被称为"第五媒体"。

事实上，互联网的发展在不断带动着新媒体承载形式的变化。在最开始，对于报纸、杂志来说，数字报纸、数字广播、数字杂志、移动电视、手机短信等都是新媒体。在互联网普及后，相对于上面提到的媒体形式，桌面视窗、数字电视、网络门户网站、触摸媒体以及电影等又成为了新媒体。如今，基于互联网的发展，各种媒体平台也应运而生，很多自媒体在腾讯微信、新浪微博、网易新闻客户端、今日头条等自媒体平台中都有了一席之地。

毋庸置疑的是，新媒体的出现打破了过去只能由固定的传统媒体机构生产和传播资讯的格局，赋予了普通人发布和传播信息的权利，消除了传统媒体之间的壁垒，使得信息的发布者与接受者之间的关系趋于平等，同时也淡化了社群与产业之间的界限。

毫不夸张地说，在如今的新媒体时代，人人都可以成为内容的运营者；并且，这种运营不仅仅是出于一种爱好，还可以成为一项工作。

不过，尽管如今新媒体运营已不再是一个新鲜的概念，踏进这个行业的门槛也很低，但这并不意味着，新媒体运营就是一件轻而易举的事情。说到这里，大家不妨认真地回忆一下，在运营新媒体的过程中，你是否也曾遇到过这样的问题：

总是感觉账号起名困难，不知道简介该如何撰写，对内容发布毫无头绪；

羡慕别人唯美的内容排版，却不知道该如何操作；

似乎别人捕捉热点事件都很准，而自己却总是把握不住；

特别想写出10万以上阅读量的文章，却感觉无能为力；

感觉吸引粉丝特别困难，发起活动也总是鲜有人参加，流量变现更是无从谈起……

那么，面对这一系列问题，作为新媒体运营者的你，究竟应该怎么办呢？到底有没有一种客观、有效的方式，可以指导你更好地运营新媒体呢？

阅读完本书，或许你会找到答案。

本书是一本以新媒体为核心，以新媒体运营为根本出发点的论著，以图文结合的方式深度剖析新媒体运营的特点、技巧、策略、模式和作用，并分门别类地介绍了目前最常见、最风靡的新媒体载体的特点和运营方式。阅读完本书内容，你可以从一位新媒体营销门外汉，迅速成长为新媒体营销高手。

归纳起来，本书主要具有以下特色：

实操性强。书中重点讲述了新媒体工作中的实操问题，让读者能够将这些方法运用于实际工作之中，以便于快速上手新媒体营销。

共鸣感强。书中总结了各种实际操作的经验，并且分析了运营新手面临的难点，能够帮助阅读者解决实际工作中的难题。

可借鉴性强。书中的经验是根据真实案例总结而来的，深度剖析了新媒体运营者工作中的常见问题。

易学易用。本书语言平实，便于读者理解，与传统的营销书籍相比更易应用于实际操作之中。

迎合时代需求。如今新媒体营销已经进入白热化的阶段，这时新媒体从业者就需要新型的营销工具以及互动引流的方法来提升竞争力。笔者根据多年的工作经验，总结出了能够极大提高工作效率的运营及营销策略。

立言不易，希望本书所讲述的新媒体运营策略能够帮助更多新媒体运营者洞悉10万以上阅读量文章的奥秘，总结新媒体引流互动方法，真正做到快速吸引阅读者、永葆新媒体账户的活跃度，成为深受领导器重、客户追捧、同事爱戴的新媒体玩家。

目 录
CONTENTS

第一章 三分钟带你认清新媒体 ………………………………… 001
1.1 认识新媒体 ………………………………………………… 002
1.2 新媒体运营的基本思路 …………………………………… 006
1.3 企业新媒体的运营流程和策略 …………………………… 010
1.4 十个重量级新媒体运营平台 ……………………………… 014

第二章 新媒体的盈利模式 ……………………………………… 023
2.1 常见模式，吃透新媒体盈利途径 ………………………… 024
2.2 规避误区，助力新媒体盈利 ……………………………… 027
2.3 新媒体营销时代下的"六大黄金法则" ………………… 030

第三章 用户画像，精准定位目标群体 ………………………… 033
3.1 什么是用户画像 …………………………………………… 034
3.2 如何构建用户画像 ………………………………………… 038

第四章 打造爆款文章 …………………………………………… 043
4.1 九种常见的新媒体文章类型 ……………………………… 044
4.2 打造爆款文章的五个套路 ………………………………… 055
4.3 加点"干货"，文章不火都难 …………………………… 062

第五章　阅读量超10万的标题的写作思路 069

- 5.1 四大注意事项，让拟写标题事半功倍 070
- 5.2 五个标题要点，轻松抓住用户眼球 073
- 5.3 五种标题设置，让用户想一探究竟 077
- 5.4 巧用图片，颜值高的标题更吸引人 087

第六章　配图与排版攻略 091

- 6.1 排版的四个原则 092
- 6.2 如何搭配色彩 098
- 6.3 图文和谐很关键 106
- 6.4 长文如何排版 111

第七章　获取第一批种子粉丝 117

- 7.1 想要精准吸引粉丝，先了解用户心理和传播法则 118
- 7.2 搞定这两点，精准定位"种子用户" 121
- 7.3 学会五大诀窍，成功吸引第一批粉丝 125
- 7.4 用对方法，线下活动也能引流 127

第八章　粉丝运营生态营销 137

- 8.1 懂你的粉丝 138
- 8.2 新号粉丝何来 145
- 8.3 吸引粉丝前的准备工作 154

第九章　KOL营销攻略 159

- 9.1 什么是KOL 160
- 9.2 什么是KOL营销 166
- 9.3 如何找到优质的KOL 171
- 9.4 如何实现KOL营销效果最大化 176

第十章　打造10万粉丝的微信公众号 183

- 10.1 微信公众号的类型及优势 184

10.2 微信公众号如何运营 …… 192
10.3 微信公众号运营需要把握的六大核心能力 …… 208

第十一章 异军突起，玩转直播营销 217
11.1 直播营销的发展现状及优势 …… 218
11.2 如何玩转直播营销 …… 224
11.3 直播营销的未来趋势 …… 228

第十二章 微博"大号"养成攻略 235
12.1 微博的诞生及发展 …… 236
12.2 微博运营内容策划 …… 240
12.3 如何增加微博粉丝量 …… 249
12.4 如何提升微博活跃度 …… 254

第一章
三分钟带你认清新媒体

提到新媒体,相信大家都不陌生。然而,什么是新媒体,以及运营新媒体的基本思路和运营流程及策略有哪些,相信许多人都是一知半解。就让我们从新媒体的概念入手,一起来揭开新媒体的神秘面纱,开启对新媒体的探索之旅。

1.1 认识新媒体

移动互联网的迅速发展催生出一种新的媒体形态，即新媒体。如今，新媒体的存在不仅是对传统媒体的一种冲击，也为其他行业的发展提供了新的营销思路。那么，究竟什么是新媒体呢？

在这里，我们主要讲述的是新媒体的基础知识，帮助大家进一步认识和了解新媒体。

1.1.1 什么是新媒体

当前，对新媒体的定义主要包括两个方面的内容。

在狭义上，新媒体是相对于电视、广播以及报纸等传统媒体来说的一种新的媒体形态，最近几年得到了迅猛的发展，一般包括数字电视、网络媒体、手机媒体等。

在广义上，新媒体的范围包括在各种数字技术和网络技术支持下，利用数字电视机、计算机、手机等设备，分享和获得信息和服务的传播形态，最显著的特征就是媒体形态的数字化。

与传统媒体相比，新媒体的侧重点在于为用户提供更加个性化的服务，同时受众和传播者也可以在这个平台传播信息和互相交流。微博、豆瓣等都是比较常见的新媒体的具体表现形态。

1.1.2 新媒体的分类

当前由于划分标准的不同，业界并未对新媒体的分类做出明确、统一的规定。不过，就目前的行业发展现状来看，新媒体一般分为手机媒体、科技博客、数字电视、移动电视、IPTV、微博、微信这七大类，而在运营方面最热门的莫过于微信和微博。

接下来我们将对这七大类型的新媒体进行详细的介绍。

1. 手机媒体

随着智能手机的发展,现如今手机对于每个人来说都不仅仅是一个通信的工具,它更多的是人们认识世界、了解世界的一个渠道,也就是所谓的"第五媒介"。通常来说,用户除了可以通过手机与他人保持联系之外,还可以订阅各种书刊和杂志,这些电子版的书稿已经成了人们获取外界信息和知识的重要来源。

也许会有人认为电子书、手机报、电子杂志已经过时,但是我们也不能完全否认它潜在的消费市场,很多用户仍然会在手机上阅读电子书刊。

2. 科技博客

科技博客属于博客中一个比较强大的分支,是发展相对较早的一类新媒体的代表。在科技博客中,行业的内部人员或者行业的专家往往是凭兴趣撰写文章,因此科技博客中的内容大多是以直观、形象的方式来展现专业知识,通俗易懂。

最具有代表性的科技博客莫过于TechCrunch。

TechCrunch的官方网站界面

3. 数字电视

数字电视也是新媒体的代表之一，随着数字电视用户的增长，数字电视的产业链在不断完善和发展。虽然当前的年轻人更倾向于在网络上花费时间，但是对于很多中老年人来说，他们依旧会选择看电视来打发多余的时间。因此，商家在推广数字电视时不应该忽略中老年人市场。

4. 移动电视

移动电视最突出的特点就是"强迫收视"，一般出现在地铁或者公交车上。作为一种新兴的媒体形态，其覆盖面广、移动性强，观众不仅能够通过移动电视欣赏相关的娱乐节目，也能在移动电视上获得相应城市的应急信息。

5. IPTV

IPTV（Internet Protocol Television）指的是一种交互网络电视，是互联网和传统电视的结合。IPTV最大的特点是不再拘泥于固定的传播内容，而是受众可以通过网络选择自己想要观看的节目，它更侧重于共享和移动。中国电信、中国移动和中国联通都在尝试打造新型的IPTV，来不断提升自身的竞争优势。

6. 微博

微博作为一种新兴的媒体形态，其一对多的交流方式以及能够在短时间内迅速传播的特点，为企业提供了新的营销思路。

7. 微信

微信最初作为一种联系方式为大众所广泛使用。实际上，微信除了改变人们的社交模式，也带来了新的生活方式。其功能除了短信聊天、语音交流外，还包括"搜索号码""摇一摇""附近的人""扫二维码""微信支付"等,它不仅给用户带来了更高品质的服务体验,也为庞大的用户群体提供了更多的信息传播方式。

当然,微信的功能并不仅是如此,用户还能将自己在生活中发现的美好事物分享到朋友圈。因此,微信作为一种新的传播媒介,事实上已经超出了最初社交媒体交流平台的定义。

■ 1.1.3 新媒体的特点

新媒体主要是以微信、微博、论坛等形式呈现在用户面前的,从目前新媒体表现形式的角度出发,新媒体的特点主要包括以下五个方面。

1. 传播行为:个性化

以微信和微博的用户为例,每个用户都可以成为信息的发布者和传播者,同时也是信息的接收者。无论何时何地,用户都能自由地发表自己的观点或者分享信息,从这一点就能看出,新媒体的传播行为具有明显的个性化特征。

2. 传播速度:实时化

随着互联网技术的不断发展,信息传播的速度也得到了很大提高,而新媒体的信息传播速度比传统媒体更加迅速,基本上都能实现实时接收信息,用户也能得到及时的反馈。

3. 传播方式:双向化

每个新媒体的用户都能接收信息和传播信息,因此它的传播方式是双向传播,改变了传统媒体"传播者单向发布,观众被动接收"的局面。这种双向传播更有利于信息与资源的共享,同时也在很大程度上增强了传播的效果。

4. 接收方式:移动化

新媒体的发展是以移动互联网的发展为基础的，用户在使用相应的新媒体时具有明显的移动化特征，打破了固定时间和固定场所的限制。

5．传播内容：多元化

新媒体在传播内容方面呈现出的是多元化特征。用户在传播内容时，可以采用图片、文字、视频等多种方式，这种内容传播的多元化在增加传播内容信息量的同时，也扩展了传播内容的广度和深度。

新媒体的出现，大大提升了媒体的传播效率，其独特的网络介质也使得信息的传播者与接收者的关系趋于平等，受众也不再轻易受媒体的左右。用户可以通过新媒体发出更多真实声音，越来越多的人开始通过新媒体展现自己的个性，这在增加互联网信息传播量的同时，也进一步促进了网络上的信息共享。

1.2 新媒体运营的基本思路

如果想做新媒体运营，那么我们首先要对新媒体运营的基本思路有比较深入的了解，这样才能做到有的放矢。下面，我们从新媒体人员的基本素质和新媒体运营的常用思维这两个方面，来介绍新媒体运营的基本思路。

1.2.1 新媒体人员的基本素质

首先应该了解新媒体运营人员的基本素质，才能选拔出合适的新媒体运营人才。那么，新媒体人员应该具备的基本素质有哪些呢？

1．了解新媒体

新媒体的从业人员首先要对新媒体这个行业有一定的了解，最基本的是新媒体的含义、特点以及类型等内容，我们在前面已有过相关介绍。除此之外，我们也应该对新媒体的具体岗位有相关认知。新媒体的岗位有哪些，又有什么具体要求呢？

新媒体的相关岗位主要包括新媒体运营、策划、编辑、营销等。对新媒体运营每个岗位的具体要求，如下图所示。

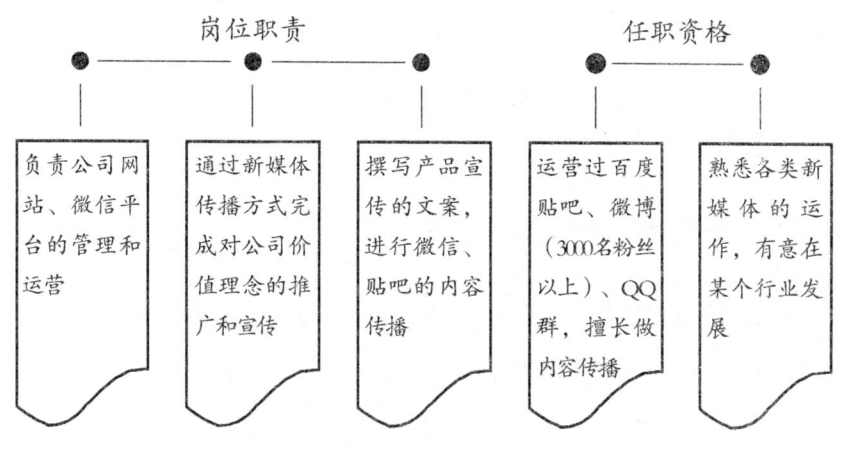

新媒体运营岗位的具体要求

2．具备"网感"和灵感

什么是"网感"呢？简单地说，"网感"是对网络的一种感觉，事实上这种感觉就是新媒体从业人员对网络上的信息的敏感度，这种敏感度能够给新媒体从业人员带来很多灵感，使其能够及时把控网民的关注方向、网络上的热点以及网络的发展趋势。

3．写作和策划能力

写作和策划能力是新媒体从业人员必不可少的一种能力。

写作能力并非一朝一夕就能提高，因此，新媒体从业者一定要多写多练，同时学习一些优质文章的写法，这样才能不断提高自己的写作能力，写出更利于企业营销的、有价值的文章。

除了写作能力外，从业者也应该提高策划能力。一份好的策划方案是企业顺利进行营销推广的前提。因此，新媒体从业者在策划时应该从活动目的、背景以及具体要求等方面进行综合考虑，不断通过实践积累经验。

4. 具备良好的心态

具备良好的心态是新媒体从业人员的基本素质。俗话说"心态决定成败"。一个人的心态往往会影响工作和生活，如果心态不好，就很容易出错。而新媒体从业人员只有在工作中抵制诱惑，扛住压力，才能做好自己的工作。

1.2.2 新媒体运营的常用思维

移动互联网发展到现在这个阶段，用户的注意力是最稀缺的资源，想要做好新媒体的运营和营销，就必须创造出有价值的内容才能吸引用户。而在利用新媒体的过程中，最重要的就是新媒体思维的运用。

新媒体思维一般包括平台思维、粉丝思维、病毒式传播思维以及营销思维，我们将在接下来的内容中进行具体的介绍。

1. 平台思维

什么是平台思维呢？它是一种打造精品内容的思维，也就是通过优质的、有价值的内容来吸引和挽留用户。对于社交平台来说，平台思维非常重要。

想要打造一个好的平台，我们除了应该创造出好的内容，还应该在图片、文字、排版等细节上多下功夫，尽可能地打磨，制作出高清的图片、有价值的文字以及舒服的版面来吸引用户的注意力。

除此之外，平台思维还包括平台内的资源运作。什么是资源运作呢？它指的是一个平台的粉丝达到一定的数量之后，这些粉丝就变成了平台的一种资源，与平台成为一种利益共同体。在这样的情况下，如果能够进行合适的资源运作，不仅能够留住平台的粉丝，还能实现平台与粉丝的利益最大化。

2．粉丝思维

粉丝思维的重点在于新媒体平台与粉丝之间的互动。

传统意义上的互动指的是一群人为了达到某种目的而聚集在一起，然后通过思考来解决问题的过程。互联网时代的到来赋予了互动新的含义，即网络信息的双向互通。

随着互联网的发展，传统的单向信息流动方式已经被改变，网络言论自由性和实时性的特点让企业能够看到用户的真实想法。因为每个人都是互动的主体，都可以发表自己的意见，这些观点的交流融合能够为新媒体运营带来更多的思路。

3．病毒式传播思维

病毒式传播是受众自发产生的一种发散式、激荡式的传播方式。新媒体从业者的病毒式传播思维指的是一种"病毒式"的营销思维，传播速度快，传播范围广。这种思维能够帮助运营人员在短时间内迅速提高内容的传播量，从而扩大辐射面和企业的影响力。

我们整理了一些促进病毒式传播的建议供大家参考。

（1）用户倾向于分享和转发长篇文章，因此我们应该多创作出一些篇幅较长、质量较高的内容。

（2）愤怒是一种很容易在大众中传播的情绪，若想引起用户的愤怒，我们可以尝试去写一些容易激起群众愤怒的内容。需要注意的是，这种愤怒指的是内容，而不是针对作者。

（3）充满感情的内容也很容易实现病毒式传播，这样的内容能够让受众在情感上产生共鸣，同时也有利于企业进行情感营销。

4. 营销思维

在移动互联网时代，大众通常更喜欢消费具备娱乐性质的事物，因此新媒体的营销思维主要表现在输出内容的娱乐性上。

在做新媒体运营时，我们应该抓住用户的需求，打造出一套创新的娱乐化的新媒体营销策略，利用各种娱乐化的因素吸引消费者的目光，更好地实现信息传播，以此来达到营销的目的。

娱乐化的新媒体营销策略主要包括两个方面内容。

（1）富有娱乐精神。新媒体从业者在营销过程中应该发挥娱乐精神，用创意制造出轻松愉快的环境，策划具有娱乐精神的营销活动，这样才能吸引更多的用户参与活动，从而增强营销的效果。

（2）制造有趣的事件。值得注意的是，新媒体从业者在策划营销活动时，不要采用严肃、乏味的说教，这样的内容营销无法吸引用户，而是要制造有趣的事件，以其趣味性带动用户的参与积极性，让全民狂欢，才能获得更大范围的传播。

总而言之，我们在从事新媒体相关工作之前，除了要了解新媒体从业人员应该具备的基本素质之外，还应该了解新媒体运营的常用思维，这样才能更好地做好新媒体运营和营销的相关工作，创造出更大价值。

1.3 企业新媒体的运营流程和策略

"磨刀不误砍柴工"，企业在进行新媒体运营工作之前应该了解新媒体的运营流程和策略，做好相关的准备工作，才能在后期达到理想的效果。那么,企业新媒体的运营流程和策略包括哪些内容呢?阅读本节内容,或许你会找到答案。

1.3.1 企业新媒体营销团队的构成

在了解新媒体的运营流程及策略之前,企业应该对新媒体营销团队的构成有一个比较清晰的认知。通常来说,企业在新媒体业务的开展之初,会成立相应的新媒体部门。虽说是部门,事实上说它是一个团队更为确切,其中每个人都有明确的分工,如下图所示。

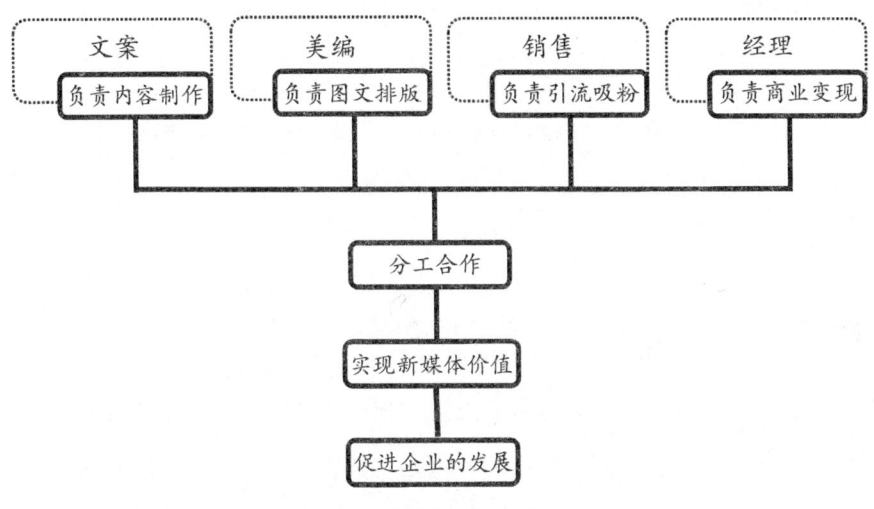

新媒体营销团队的构成

1.3.2 新媒体线上与线下的配合流程

新媒体的运营通常是由线上和线下配合来完成的。一般来说,运营者在线上的工作内容主要是制作内容、互动吸粉、营销推广等,而线下的工作人员主要负责海报宣传、商业合作、线下推广活动等内容。

如今很多企业都会采用O2O（Online To Offline,线上线下一体化)

式的营销模式,在新媒体平台上推广产品或者服务。例如,京东商城即在其微信公众平台的界面进行营销推广。

从新媒体线上线下工作的配合流程来看,其配合非常密切。不过,线上线下工作的优先级并不是固定的,而是根据具体的情况来安排。

一般来说,线上的推广活动需要线下的地推作为基础。但是在某些情况下,需要工作人员在新媒体平台预先发布信息,告知用户相关推广活动的具体情况,然后才能进行线下的工作。因为互联网具有迅速传播信息的优势,在开展线下的推广活动之前进行网上预热,有助于在短时间内扩大线下活动的宣传推广范围。

但是我们也应该注意到,线上的运营工作注重吸粉和互动,而对于线下的推广来说,拥有一支较强的地推队伍,加强商业合作才是最重要的。

1.3.3 企业新媒体的整合运营策略

如果企业想要做新媒体运营,就不得不了解新媒体的运营策略。接下来我们将从用户运营、内容运营以及活动运营这三个方面,对企业新媒体的运营策略进行详细的介绍。

1. 用户运营

想要做好用户运营,首先我们应该从用户的需求出发,对用户进行深入的了解,这样才能实现精准营销。用户运营的重点在于运营者与用户之间的互动。因此,在新媒体平台上运营者应该尽可能地参与互动,比如回复用户比较精彩的评论,或者点赞、转发用户发表的一些内容等,增加用户的黏性。

2．内容运营

对运营者来说，制作并且发表的内容不只是为了吸引用户，它更多的是一种营销手段。因此，运营人员在文章的撰写以及图文排版方面都需要多下功夫。

我们以微信公众号的运营为例，来介绍一些新媒体内容运营方面的技巧。

（1）如果企业想要举办某个活动或者进行某个产品的宣传推广，可以在微信公众号上进行预热，告知用户活动的具体信息。

（2）如果新媒体运营者发布的是原创内容，为了避免抄袭，可以在公众号文章的开头或者结尾处增加一个版权说明，同时注明"未经同意不得非法转载"的字样。这样做的好处是，不仅可以维护版权，也能让别人转载文章时注明出处，为平台带来更多的粉丝。

（3）公众号的运营人员完成内容的编辑后，如果想要减少出错，最好的方法就是在发布前进行预览，规避风险。

（4）当粉丝达到了一定的数量，运营人员可以在自定义菜单中设置自定义回复，这样不仅可以减少工作量，提高工作效率，也能维持与用户之间的互动，稳定粉丝。

（5）运营者可以进行好文推荐以及推广活动，也可以设置"每天一问"，不仅可以了解用户的需求，还能加强互动。

3．活动运营

事实上，活动运营是企业进行新媒体运营效果最显著的方法。企业在新媒体的平台上开展活动，是扩大知名度、新增用户以及增加用户黏性的有效手段。如果企业要开展活动运营，那么首先就应该综合考虑活动的背景、目标、规则以及结果这四个因素。

常见的新媒体线上活动主要包括红包、签到、抽奖、游戏、有偿投稿、有奖转发等。值得注意的是，无论运营者采用何种方法开展运营，都应该持续地跟进每个过程并且做好反馈，这样才能让运营的效果最大化。

1.4 十个重量级新媒体运营平台

在"互联网+"时代，各行各业都在尝试与互联网接轨，新媒体平台带动了内容创业潮流，而移动社交平台的发展可以说是锦上添花，它为新媒体带来的粉丝经济模式，成了新时代商业发展的主要趋势之一。

本节的内容主要是对十个重量级新媒体运营平台进行介绍。

1.4.1 搜狐公众平台

搜狐公众平台是搜狐推出的一个分类内容的入驻、发布以及分发的平台，用户可以在免费申请注册账号后发布内容，通过得到一定的用户订阅数来提升自己的影响力。

其中最具代表性的是搜狐新闻App，它是搜狐公众平台的最佳内容展示地，这里聚集了很多优质的媒体资源。该平台通过订阅和实时新闻的方式，给用户提供个性化的阅读体验。

第一章 三分钟带你认清新媒体

搜狐公众平台官网

1.4.2 腾讯企鹅媒体号

腾讯企鹅媒体号,是腾讯公司推出的产品,原名为腾讯开放媒体平台,与QQ公众平台并不是同一个产品。该平台对微信和QQ的缺点与不足进行了改进,加强了全网流量开放、内容生产能力开放、用户连接以及商业变现能力等。

1.4.3 今日头条

今日头条媒体平台也被人们称为"头条号",它是今日头条推出的一个媒体平台,很多企业、机构或者个人创业者都会利用今日头条发布相关内容,以增加曝光度,扩大自身的影响力。

今日头条拥有多种登录方式,推送的内容也比较全面,能够支持PC端和手机客户端,具有精准推送、互动性强的特点,同时也具有云端存储的功能,能够实现信息的快速传播与分享。

今日头条还推出了新闻阅读的手机客户端。相关数据显示,这款移动客户端的用户数量接近5亿，平均每个用户在这款应用上花费的时间超过1个小时，平台每日分享量达550万次，其个性化的精准推送得到了很多用户的青睐。

今日头条的App聚合了5000多家站点内容，同时有超过7万的头条号每天都在为用户提供新鲜的内容，用户也可以通过平台阅读最权威的新闻资讯。除此之外，每天都有400名工程师优化平台的算法，在短短几秒的时间内就能得出用户感兴趣的内容，然后再向相关用户推送相应的资讯。

不过，我们在申请头条号时也应该注意到一些细节，比如，系统要求上传清晰的证件照片，特别是手持身份证照片必须是清晰的；提供的原创内容的链接应该是真实有效的；最好采用软文形式来撰写文章等。

■ 1.4.4 简书

简书是一个优质的写作平台，最大的特点是编辑功能中一键生成的图片没有限制，用户可以随心所欲地表达自己的思想和情感，不需要为格局和版式花费过多的时间。很多写作平台都不能达到这样的效果。

简书有PC和手机两种客户端，这也适应了文字爱好者的需求。很多人在简书上锻炼自己的文笔。简书的很多用户是编辑或者新媒体运营者，大多数人会认真阅读平台上的文章，并且给出真实的建议，大家也会在简书上收获很多经验。

■ 1.4.5 一点资讯

一点资讯也被称为"一点号"，无论是企业组织还是个人媒体、政府政务组织，都可以在平台上注册后发布内容。

用户在申请一点账号之后，就可以通过平台了解更多的资讯。在一点资讯的App中，用户可以通过"兴趣引擎"来获得自己感兴趣的内容。具体来说，一点资讯通过用户的搜索记录来找到用户感兴趣的内容，同时根据用户的订阅进一步分析用户的兴趣，然后让平台与用户的兴趣建立联系，从而主动向用户推荐他们想看的内容。这种功能是搜索技术与个性化推荐结合的产物，让一点资讯成了高效而又精准的内容分发平台。

一点资讯的内容分类主要包括社会、热点、股票、搞笑、美女、财经、互联网、科技、体育、军事、时尚、汽车、科学、健康等常见的内容。

内容丰富，再加上"兴趣引擎"的作用，使一点资讯在很大程度上提升了用户的体验。而对于新媒体从业者来说，一点资讯也为他们带来了更多的用户。

■ 1.4.6 百度贴吧

百度贴吧作为全球最大的中文社区，其浏览量也是毋庸置疑的。即使运营人员并没有在百度贴吧花费很多时间和精力，也能获得不错的营销效果。因此，百度贴吧是各家新媒体运营者的必争之地。

当然，如果运营的方向比较冷门，自然就很难在短时间内达到理想的效果，因此运营者需要有足够的耐心。

百度贴吧有哪些特点呢？归纳起来，其主要特点如下图所示。

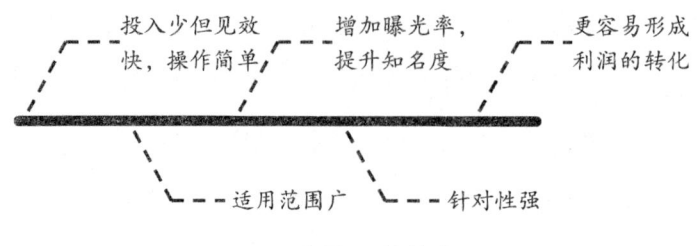

百度贴吧的特点

1. 投入少但见效快，操作简单

百度贴吧从注册到发布内容都是免费的，因此几乎不需要成本。重要的是运营人员写作的功力以及软文的质量，这才是影响营销效果的关键。贴吧运营和营销的操作也比较简单，只需要发帖、顶帖、回复即可。

2. 适用范围广

大多数企业都会利用贴吧做自家产品的营销推广。运营人员通常会选择一些热门贴吧，然后在用户集中的板块发布推广的信息。随着贴吧营销的火热，为了进一步提升企业的影响力，贴吧营销推广平台的辅助软件也应运而生，例如网络营销软件、自动回复软件等。

3. 增加曝光率，提升知名度

企业在贴吧的广告一旦成为热帖，就能引起广大网民的关注和回复。即便这些关注不能马上转化为购买率，引发的热度不仅能提升品牌的曝光率，同时也有利于增加企业的知名度。

4. 针对性强

新媒体运营者既可以利用贴吧做普通的宣传推广，也可以在特定的人群中进行有针对的宣传活动。贴吧中有不同的板块，这些板块多半是根据用户的兴趣划分的。因此营销人员可以根据这些类别做出不同的推广，比如在游戏帖中推销电子产品，在女性帖中宣传减肥产品等。只要把营销软文放置在合适的板块中，很快就能获得目标人群的注意。

5.更容易形成利润的转化

在这个时代，时间和注意力都是稀缺资源。很多人都不愿意在浏览自己感兴趣的内容时看见广告，甚至看见广告就反感。企业为了避免这种情况而开始发挥创意，让广告具有一定的深度，这样就能激起消费者的认同，促进他们购买产品。

贴吧是一个流量庞大的平台，只要运营者能够写出吸引用户积极参与的热帖，产品利润转化也会变得轻松容易。

1.4.7 百度百家号

百度百家号是百度为互联网创业者提供的新媒体平台，很多时政、互联网、人文、体育等领域的自媒体人都会在这里发表自己的意见。为了满足互联网的内容创作者的需求，百度百家号还专门开辟了一个"作家"频道，其内容涵盖了高管、互联网、娱乐、体育、文化等方面。

除此之外，百度百家号还引用了"百家争鸣"的说法，以辩论的形式开展热门话题讨论来吸引用户的关注和参与。通过百度联盟的商业模式，百度百家号让互联网内容与企业的广告实现了良性的交互转换。

一般来说，百度百家账号有两种类型，一种是个人，另一种是机构。用户在注册时应该填写自己的真实信息，提交后等待系统审核。审核后系统会以用户注册时的手机号码或者邮箱号码通知审核结果，若通过，用户就能在百度百家号上发布自己的文章。只有注册的用户才能在百度百家号发布文章，注册用户能进行内容的发布与变现，以及粉丝管理等操作。

1.4.8 知乎平台

知乎是一个社会化问答社区类型的平台,其宣传口号是"与世界分享你的知识、经验和见解"。用户可以在这里分享知识和寻找答案。

目前知乎的月访问人数过亿,支持PC和手机两种客户端。用户在注册之后登录就能进入知乎平台,不过,用户在注册时需要输入自己的职业或者专业等信息。填写相关信息后,用户可以选择自己感兴趣的话题。值得注意的是,在用户登录后,平台首页展示的内容就是根据用户选择的感兴趣的话题而推送的。

1.4.9 UC云观

UC云观是中国资讯平台行业中第一家舆情实时公开展示的平台,平台上的媒体服务包括订阅号以及机构媒体两个部分。

UC云观的优势在于拥有强大的媒体生产工具,提升了内容创作的质量,同时能够预测行业的趋势,让用户在某种程度上提前掌握行业热点。此外,其多元化的商业变现方式,也大幅度提高了平台的收益。

基于UC浏览器的UC云观目前用户约6亿,每个月约4亿的活跃用户也为运营者提供了绝佳的推文导流的渠道。相关数据显示,一些有影响力的文章单篇阅读量可达10万人次,优质的文章甚至能够达到百万人次。

1.4.10 网易号媒体开放平台

当前,虽然各种新媒体平台层出不穷,但网易的影响力仍然不容忽视。网易新闻的宣传口号是"有态度",其及时的新闻内容、流畅的用户体验以及犀利的评论让其在用户的心中占据了重要地位。

在申请网易的新媒体平台账号时，用户必须用网易邮箱进行注册。用户在网易号媒体开放平台登录后就可以发布文章，可以通过网易新闻App看到相关内容。

用户在网易号媒体开放平台通过两种方式发布内容，一是手动发布，二是快捷抓取发布。不过，网易号并没有单独的App，而是在网易新闻App中以一个频道的形式出现。

网易号的出现使得原创保护、高效分发、品牌推广以及现金补贴等功能为更多互联网创业者所熟知，让他们在创业之路中看到了更多的机会，网易号也理所当然地成为一个值得入驻的新媒体平台。

在这个拥有众多新媒体平台的时代，很多企业都会搭建自己的新媒体矩阵，做大范围的覆盖传播。不过大多数情况下效果并不理想。究其原因，主要是它们没有仔细研究每个新媒体平台的机制，只是一味地写文推广。因此，新媒体运营者应该在了解各个平台的特性之后，做出有针对性的宣传和推销，这样才能发挥出各个新媒体平台的作用。

第二章
新媒体的盈利模式

"互联网+"催生了微信、微博等新媒体社交平台的诞生,为人们的工作、学习、生活带来便利的同时,也带来诸多商机。比如我们可以通过公众号文章、短视频等销售"产品",实现经济变现。

2.1 常见模式，吃透新媒体盈利途径

新媒体平台多种多样，所以新媒体运营时的盈利模式也是多种多样的，吃透这些常见的新媒体盈利模式，可以在新媒体运营的道路上走得更远、更成功。

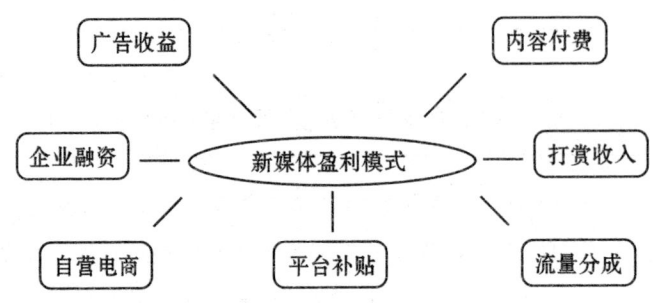

常见的新媒体盈利模式

2.1.1 广告收益

新媒体再新也具有媒体属性，所以就像电视、报纸、杂志等传统媒体有广告收益一样，新媒体也可以通过广告盈利。比如很多知名大V、网络红人等通过帮别人打广告就有不菲的收入。广告收益根据个人能力、知名度、转化率、合作企业或者商家的差异而各有不同。不可否认的是，新媒体运营做得好，自然会有广告商找上门来，不愁没有广告收益。

2.1.2 内容付费

内容付费也被称为"知识电商"，是对内容创作者创作价值的体现。在做新媒体运营时，内容付费是很重要的盈利模式。内容付费的主

要对象是有价值的视频、音频、图文、直播、活动、社群、问答、商城等，比如喜马拉雅、得到等自导流量类型平台，短书、小鹅通等工具类型平台，知乎、分答等问答类型平台，有偿下载、阅读、观看、收听等知识付费型平台。

■ 2.1.3 打赏收入

点赞、打赏是用户主动为优质内容付费的一种盈利模式。这种盈利模式对于经常在微信、微博里看文章以及在短视频平台上看直播的人来说，再熟悉不过了。目前微信里的打赏功能需要坚持写高质量的原创文章，系统邀请才能开通。每笔打赏金额不低于1元，所以对于新媒体运营人员来说，如果写一篇文章，每天有100个人点赞、打赏就是一笔不小的额外收入了。直播打赏则赚得更多。不过现在竞争较为激烈，需要运营人员精心运营之后才能达到盈利的目的。

■ 2.1.4 流量分成

流量分成是作者与平台相互扶助、获利的一种盈利模式。现在像今日头条、西瓜视频、抖音短视频、悟空问答等平台，都可以通过"流量—粉丝—付费用户"的模式进行流量分成。也就是说，新媒体运营人员发布内容之后获得流量，平台会根据流量的多少分配广告分成和平台补贴，实现变现。

■ 2.1.5 平台补贴

平台补贴是指平台根据新媒体运营人员发布的内容阅读量、播放量等流量贡献，为新媒体运营人员提供的额外现金补贴。比如今日头条投放10亿元到悟空问答，用于签约至少5000名各专业领域的问答贡献者，同时通过问题赞助、回答红包等方式激励普通用户参与。作为专业的新媒体运营人员，可以在今日头条、悟空问答、百家号、大鱼号等有补贴的平台上进行运营与营销，这也是一种盈利模式。

■ 2.1.6 自营电商

自营电商是"互联网+"时代下的一种电子商务模式，比如京东商城就是典型的自营电商模式。自营电商有可销售的商品，并可以保证商品来源、质量、供应及物流配送等，所以只是把新媒体平台当作宣传媒介。作为新媒体运营人员，把产品通过新媒体平台介绍给更多的人，吸引更多用户，沉淀更多粉丝，便能实现盈利。

■ 2.1.7 企业融资

企业融资是相对于其他盈利模式来说更高层次的变现方法。比如papi酱，她就是新媒体运营做得非常好，进而成功打造个人IP，获得1200万元融资的典型案例。企业融资比较困难，需要新媒体运营人员多加研究、钻研，并且坚持不懈地发布优质内容，吸引大量活跃用户才能实现。

除此之外，还有第三方广告、MCN模式等多种新媒体盈利方式，大家可以把适合自己做新媒体运营的平台列一个表格，全面分析其盈利模式，为新媒体运营盈利奠定坚实的基础。

2.2 规避误区，助力新媒体盈利

在人人都是自媒体的时代，新媒体运营与营销竞争激烈，用举步维艰来说一点也不为过，甚至很多实力雄厚的企业都不一定玩得转新媒体运营与营销。所以作为新媒体运营与营销人员，首先要学的不是如何利用新媒体盈利，而是学会规避误区，正所谓"磨刀不误砍柴工"，这才是决定新媒体运营与营销是否可以成功盈利的关键。

归纳起来，新媒体运营应该避免以下四大误区。

误区一：认为新媒体运营与营销是一本万利

误区二：盲目进行新媒体运营与营销

误区三：认为新媒体平台围着自己转

误区四：认为只要花钱就能做好新媒体

新媒体运营的四大误区

■ 2.2.1 误区一：认为新媒体运营与营销是一本万利

现在网上有很多通过抖音短视频、微信公众号盈利的新闻，甚至一个月只是发布几个短视频就能轻轻松松赚几万元、十几万元。这种一本万利的假象让很多人蠢蠢欲动，想要一头扎入新媒体运营与营销行列，瓜分资本红利。但是作为一个成熟的新媒体运营与营销人员，头脑一定要冷静，我们需要知道一点：创意的成本是昂贵的。

举个简单的例子，一个最简单的新媒体运营团队需要文案、设计、运营三种工作人员，如果你自己才华横溢可以兼任，那么恭喜你，成本还比较低。但是不要高兴得太早，想要做大、做强，后期需要投入的精力就越多，一个人即使再厉害也无法胜任。更何况对于绝大多数人来说，三种工作你只是擅长其中一种，必然需要找别人合作。合作就涉及薪酬，假设团队只有三个人，每个人薪酬5000元，一个月光薪酬就要支出15000元，这还不包括房租、水电费、做活动和推广的费用。所以认为新媒体运营与营销是一本万利的事，那是对它极大的误解。不要头脑一热就扑进新媒体运营里。

2.2.2 误区二：盲目进行新媒体运营与营销

很多人看到偶然爆红的新媒体运营与营销个案，就认为新媒体运营很容易，盲目进行新媒体运营与营销，这样的做法离成功相去甚远。在做新媒体运营与营销之前，需要对它有深入的调查与研究。

1. 明确运营目标

在做新媒体运营与营销之前，首先你要了解自己所要接触的平台。每个平台的特点不同，你运营的目标就要有所区别。如果运营目标不明确，会直接导致用户定位不准确，盈利便无从谈起。

2. 注重运营的每一个流程

很多人认为好的标题或者内容是新媒体运营与营销的"命脉"，因此把大量精力花费在这上面。其实运营的每一个流程都非常重要。什么样的标题、什么样的内容、适合发布在什么样的平台、通过什么样的方法推广等，这些运营流程每一个都不能忽略，闭门造车或者只注重其中一项是行不通的。

3. 学会团结合作

很多企业的新媒体运营之所以进行不下去或者不够成功，很大一个原因是新媒体部门作为新兴部门常常独立运行，没有与其他部门团结合作导致的。新媒体部门想要做好运营工作，需要与产品、设计、市场、客服等多个部门联系，获取第一手资讯，让整个信息流通起来，这样运营的产品才能更贴近用户。

2.2.3 误区三：认为新媒体平台围着自己转

无论是个人还是企业，在做新媒体运营时都要摆正心态。就是说新媒体平台不是围着你自己转的，不管你有多少粉丝，有多少资金，只要违背平台的规则、触碰国家规定的底线，责令整改、封号等都是常规现象，这是原则性问题，不会因为任何人或者企业更改。

2.2.4 误区四：认为只要花钱就能做好新媒体

新媒体运营说好做也好做，说不好做也不好做，关键在于你有没有天时、地利、人和以及自己努力的加持。很多人没有花一分钱，写篇文章或者拍个短视频就火了，并且从此一发不可收拾，盈利非常容易。有的人虽投入了很多钱，但是新媒体运营效果却一般，甚至在赔钱。所以不要认为只要花钱就能做好新媒体，找准定位、对产品及目标用户有清晰的了解、把钱花在刀刃上、清楚自己适合什么样的运营模式才是关键。

在新媒体运营的过程中，大家或许会发现更多的误区，这都是失败积累出来的经验，大家不要回避它们，要善于总结，将其化为前进的力量，让新媒体运营实现盈利变现。

2.3 新媒体营销时代下的"六大黄金法则"

现如今,随着新媒体的不断发展,越来越多的企业选择新媒体作为产品宣传推广的重要渠道,尤其是面临转型的传统企业,更需要适应时代的发展来为企业注入新的动力。为了能够更好地进行新媒体营销,我们总结了新媒体营销时代的"六大黄金法则",希望相关的新媒体从业人员能够从中获得启示。

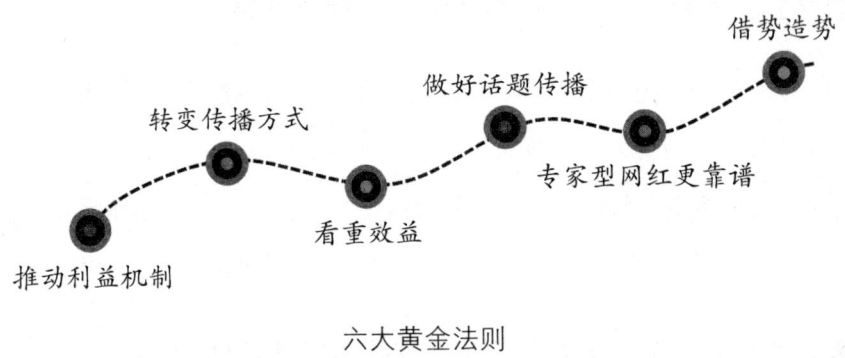

六大黄金法则

2.3.1 推动利益机制

在移动互联网时代,每个人都是信息的发布者和传播者,因此这个时代也是共享经济时代。如今,用户之间的信息交流变得更加方便快捷,而用户也愿意在自己的圈子分享一些好的产品。不过,在这个经济共享的时代,信息同样可以共享。因此,用户在面临各种各样的产品信息时,很难通过表面的内容来判断其真实性,这也导致用户很难自发地传播产品信息,那么此时就需要企业通过利益来推动用户的分享。

例如,支付宝App和百度钱包都推出了分享奖励活动,用户只要在特定的人群中分享相应的宣传信息,或者分享给自己的好友并且让好友成为新的用户就能获得奖励，如代金券或者满减活动的优惠券等。

■ 2.3.2 转变传播方式

在过去，大多数企业在进行营销推广时都比较注重品牌效应，将品牌作为产品传播的重点。随着网络媒体的发展，品牌效应虽然有一定的作用，但其效果却大不如前。根本原因在于，网络新媒体的迅速发展降低了信息传播的成本，信息传播的速度大幅度提高。在这样的情况下，只要企业有负面新闻，经过网络的传播就会被无限扩大，人们对于品牌和产品的好感度以及信任度就会急剧下降。

因此，在新媒体营销时代，企业进行宣传推广时应该更注重目标消费者的需求，将传统的以品牌为中心的传播方式转变为"以人为本"的传播方式。

■ 2.3.3 看重效益

众所周知，传统媒体的营销与新媒体营销的区别无外乎各自最终的目的不同。

对于传统媒体营销来说，企业更注重的是一次品牌宣传能覆盖多少媒体，有多少的曝光量以及阅读量，这些都是传统媒体营销的考核标准。而新媒体营销更看重的则是推广活动能够带来多少销售额，新增了多少用户，以最终的营销结果作为考核的标准，因此新媒体营销更关注实际的效益。

■ 2.3.4 做好话题传播

在互联网时代做营销，尤其不能忽视话题的传播。一个好的话题能够让大众和媒体自发地传播产品信息，从而让品牌获得巨大的曝光量。因此，作为新媒体时代的话题策划者，应该随时关注网络动向，保持创新思维，以优质的话题推动产品的营销推广。

▍2.3.5 专家型网红更靠谱

直播的火热让企业找到了新的营销渠道，而明星通过直播卖货已经不足为奇。Angelababy在两个小时卖出了一万支口红，这也让很多行内人表示"明星直播电商时代来临"。

然而事实真的如此吗？实际上Angelababy微博上有几千万粉丝，再加上直播平台的大力推广，一万支口红的战绩似乎并不出色。如果长期如此，销售结果甚至比不上网红。更何况，明星直播卖货靠的是自身多年积累的粉丝，并非自身的营销推广能力。

因此，明星虽有带货能力，却未必是一个好的销售人员。在直播电商领域，专家型网红会比明星更靠谱。

▍2.3.6 借势造势

从古至今人们都有八卦心理，人人都有好奇心，尤其是在信息传播如此发达的今天。很多企业也认识到了这一点，在营销时借势造势，吸引大众参与，获得更精准的目标客户，来达到理想的营销效果。

如今，新媒体已经成为更具有获利和发展潜力的新兴产业，但是这个行业的竞争也相当激烈。因此，如何在竞争中脱颖而出一直是新媒体从业者面临的难点。这里介绍的六个黄金法则能够更快地帮助企业找到打破瓶颈的方法，企业在发展的过程中也可以借鉴这些法则，或许能走出适合自己的新媒体营销之路。

第三章
用户画像，精准定位目标群体

当互联网逐渐步入大数据时代之后，消费者的一切行为在网络面前都是"可视化"的。当大数据技术不断深入应用时，怎样精准地利用大数据进行消费服务成了各大企业关注的焦点。于是，"用户画像"概念也就应运而生了。

3.1 什么是用户画像

某用户，女，28岁，未婚，月收入3000元左右，爱美食，爱购物……当你看到这一连串的描述时，脑海中是否已经构建出这位女性的整体形象了呢？这样的描述，就可以称为用户画像的典型案例。

用户画像（Persona）又称为用户角色，是一种对目标用户进行勾画、联系很有效的工具。如果还是觉得晦涩难懂，那么用一句话对用户画像进行描述，就是对用户信息标签化。

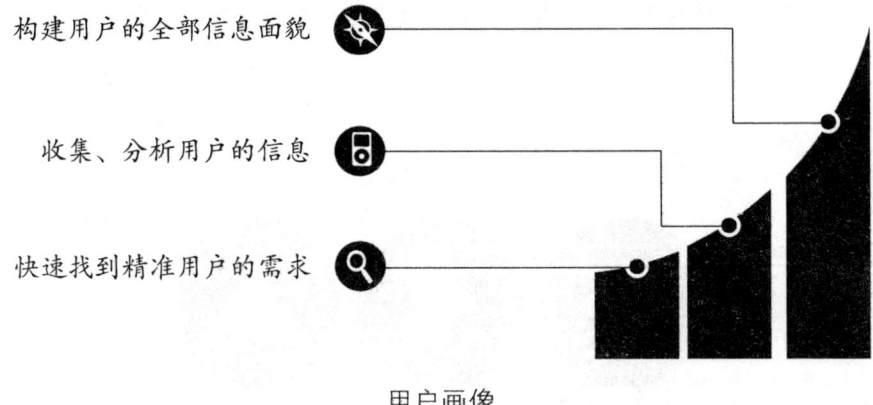

用户画像

当企业、个人通过一些手段收集、分析用户的社会属性、消费行为等主要信息之后，可以快速找到精准用户群体以及用户需求等更加广泛的反馈信息。

作为大数据的根基，用户画像完美且抽象地构建出了一个用户的全部信息面貌。这样，不仅能够进一步精准、高效地分析用户的行为习惯、消费习惯等重要信息，并且对了解用户心理与需求都提供了足够的数据基础。

这也是为什么说用户画像奠定了大数据时代的基石。

当我们在进行新媒体运营的时候，到底是否需要分析用户画像？答案是肯定的。用户画像就是真实用户的虚拟代表，是建立在一系列真实数据之上的目标用户模型。只有当我们知道了如何对目标用户进行锁定，才能真正做到让运营内容有的放矢。

可以说找准用户，是做好新媒体运营的第一步。

引入用户画像就是为了能够让团队在对产品内容进行设计的过程中，抛开个人的喜好与个性，将整个设计内容的关注点聚焦在目的用户的动机和行为上。

交互设计之父——Alan Cooper提出，建立用户画像对于新媒体运营者而言，有以下两大好处。

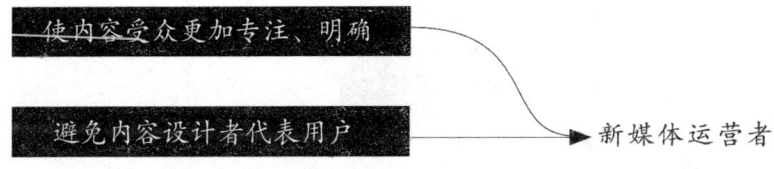

构建用户画像的好处

首先，用户画像可以使内容的受众更加专注、明确。在各个行业中，我们经常会看到这样一种现象：当设计一个产品时，设计者期望目标用户能够大范围地覆盖所有人群，但是这样的设计通常无法走得很远，终点只能是消亡。

因为每一个产品都应该是为特定目标群体服务的，新媒体运营也是同样的道理。你的受众群体基数越大，你的内容标准就会越低。也许你没有明白其中的含义，总会想，如果我的内容设计符合所有人，那么不就是完美的设计了吗？

错了！如果你的内容设计是可以适用于每一个或者每一类人，那么你其实已经给自己的设计制定了一个最低的标准。这样设计出来的内容要么是空洞乏味的，要么是毫无特色的。

综观一些粉丝量庞大的新媒体，其目标用户往往十分清晰，特征也是十分明显的。就比如关注胡辛束的公众号的人往往是文艺女青年，心里都住着一个小公主，幻想着自己可以像其他成功女性那样悠闲地生活，她们都读着《宝贝，你咬吸管的样子好美》，认为自己是世界上独一无二的。

这样的例子不胜枚举，所以，给特定群体提供专注的内容服务，这样，用户的黏性高，并且这样的形式远远要比给广泛人群提供低标准服务更加成功。

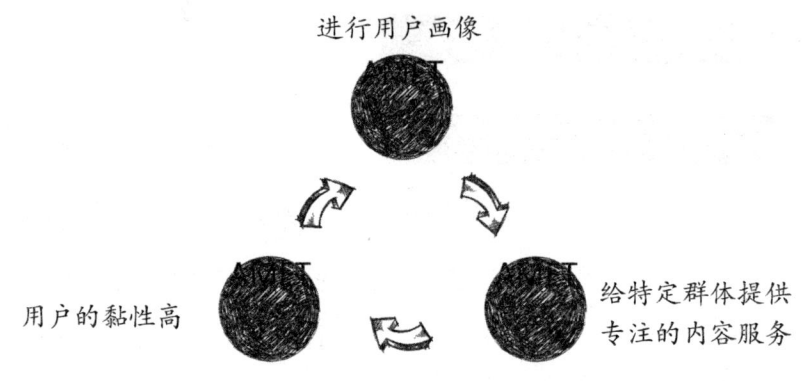

聚焦目标用户

其次，用户画像可以在一定程度上避免内容设计过程中的设计人员代表用户这种现象产生。简言之，就是设计人员在内容设定以及产品开发的过程中加入主观意愿，代表实际目标用户发声。

这种情况在新媒体内容运营中也是极其常见的。内容设计者会有意无意地将自己代入目标用户的身份中，狭隘地认为自己与用户期望一致，并且还打着"更贴近受众"的旗号进行内容设计。这样的结果往往就是精心设计的内容用户并不买账，而设计者却不知道问题究竟出在哪里。

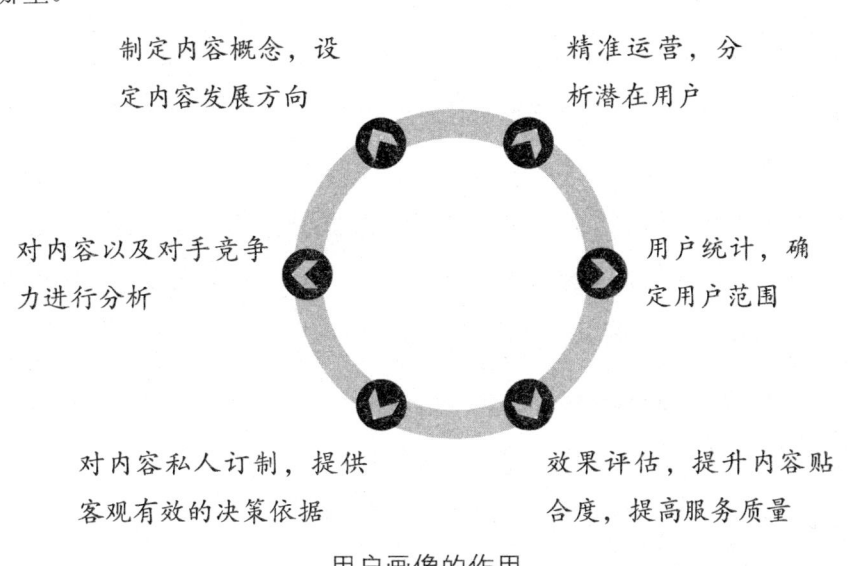

用户画像的作用

就以Google Buzz为例，在它问世之前，谷歌公司曾经做过将近两万人的用户测试，这已经是一个不小的数目，其数据在理论上完全可以代表推行后的大部分用户特征。但是实际情况却是，当Buzz被推行到市场中时，收到了海量的用户投诉与抱怨。

难道两万人的数据还不足以代表全体目标用户的特征？这是因为进行测试的两万名用户都是谷歌自己的员工，当他们看到Buzz后对其表示了肯定，然而他们不足以代表全体目标用户的喜好和品位。

这也就直接证明了，一定要正确地使用用户画像，一定要找准内容的目标群体，找准自己的立足点和出发点。只有从目标用户的角度出发来运营内容,你设计出来的内容才会是真正迎合用户需求的。

3.2 如何构建用户画像

用户画像的建立看似十分复杂,但是其实焦点工作就是为你的目标用户打上一个标签。这种标签往往是人为规定的高度精练化的特征表示,比如年龄、性别、偏好等。

就像关注"罗辑思维"的人大都是求知欲旺盛的人,关注"电影铺子"的人一定是观影发烧友……将用户所有的标签综合起来,就可以完整地勾勒出目标用户的立体画像了。

用户画像让这些标签形式呈现出语义化、短文本的特征,也使得它更加具备实际意义。标签本身并无实际的意义,但是加以处理,便为确定目标用户、提取有效标准化信息提供了便利。

那么,究竟怎么样才能构建出一套有效且准确的用户画像呢?

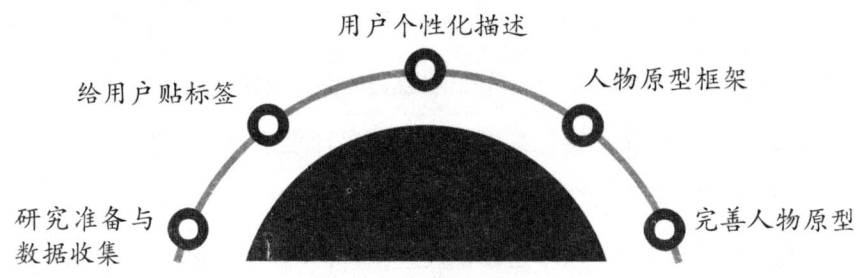

五步人物角色法

上图是"用户画像"研究者提出的"五步人物角色法"。在真正的实践运用中又可以精炼为三步:基础数据收集、行为建模和构建画像。

3.2.1 基础数据收集

当开始准备建立用户画像的时候，首先要确定被调查的用户类型，以确定内容设计方向和调研提纲。

调研的主要目的就是创建用户画像，所以在前期调研的过程中一定要尽可能地扩大调查范围，最大限度地寻找不同用户，通过对不同潜在目标用户的调查，做出一个条件列表或用户矩阵，并且根据条件进行特定用户的调查。

将收集到的用户数据源分为用户的静态信息数据与动态信息数据两大类。

静态信息数据表示的是目标用户相对稳定的信息，这一类信息自成标签，对于用户的这一部分真实信息无须过多地预测，更多的是要对数据进行一个初步的筛选。

动态信息数据表示的是用户不断变换的行为信息。这种数据往往是十分有用且值得分析研究的。比如，在进行内容运营初期，分析到用户大部分都是90后年轻人，这部分人群浏览的多是特立独行或者批判式的内容，那么当你在设定内容的时候就要符合90后的思维特点，展示独特性，张扬个性。

整体数据类型

3.2.2 行为建模

这个阶段其实就是对上一个阶段收集到的数据进行处理，进行行为建模，也就是将抽象出来的用户标签运用模型进行表现。

这个阶段应该注重的是大概率事件，所以应该在采集到的数据中尽可能地排除偶然事件。这个阶段需要用到很多种模型来给目标用户贴标签。例如，当一个企业想要运营公众号，在设定公众号内容之前就要对目标用户贴尽可能多的标签，包括用户的年龄、用户同时关注的社交平台、用户关注的公众号、用户发言活跃度、用户是否是文艺青年……

判断用户是否存在价值对于提高用户保留率十分有用。不仅可以增强已有粉丝的黏性，同时还可以最大限度地挖掘潜在的目标用户，并且预判将来的用户群体特质。

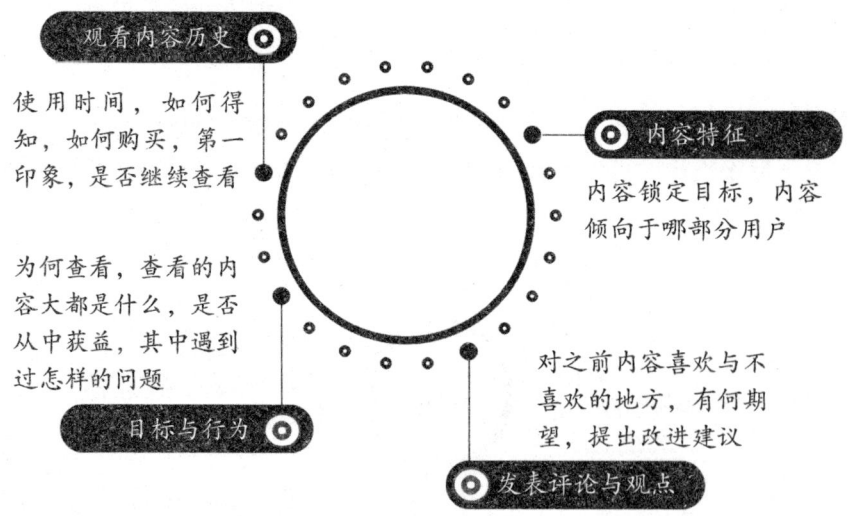

行为建模重点

3.2.3 构建画像

在完成了用户建模后,还要对所挖掘到的相关性规则或者所建立的数据模型进行验证,以确保数据和数据模型的准确性。在完成了数据模型验证,剔除了那些偶然或者不准确的数据模型后,就要开始进行最后的画像构建了。

需要注意的是,每个人都是一个复杂的行为个体,所产生的原始行为数据也异常丰富,这便为新媒体用户画像的建立带来了挑战。通常,新媒体运营者即便通过多种渠道收集到了用户的相关信息,在构造用户画像时依然会面临以下三大难题。

1. 信息聚合

按照时间维度,用户的行为是连续的,但相关的数据可能被记录在了不同的系统中,新媒体运营者要将同一用户的所有相关行为进行聚合分析存在一定的技术难题,也往往面临着管理挑战。

2. 信息关联

并不是用户的所有行为都能够被系统识别到,因此要将用户的行为数据、轨迹与人口属性关联起来也并非易事。

3. 个性化描述

新媒体本身所提供的服务和产品是有限的,所能收集到的关于用户的偏好、使用习惯等数据也十分有限。这便造成了新媒体对用户的态度、动机等方面的描述无法做到精准。

尽管有这些困难,也并不意味用户画像的构建就无法进行。通常,在构建用户画像之前,我们首先要做的便是理清思路,定好方向。

一般来说,在构建用户画像时,我们可以按照显性画像和隐性画像的思路来进行。其中，显性画像是指可视化的用户特征描述，比如客户的年龄、性别、职业、爱好等；隐性画像是指深层次的内在特征描述，比如用户需求、商品偏好、商品使用场景等。

总之，综观生成用户画像的整个过程可以看出，所谓的用户画像，其实就是将碎片化的海量数据进行整理，还原一个真实的用户，而不能仅凭主观经验或者心理预判去理解和定义用户。

在这里，我们并没有涉及具体算法，也没有对用户画像的相关技术进行展开说明，更多的是阐述一种分析思路，以便大家在构建用户画像时进行参考。值得注意的是，同一个用户可能会有多个画像，新媒体运营者可根据自己的业务需要来选择应用。此外，客户画像也并不是一成不变的，需要企业根据实际情况不断地进行修正。

第四章
打造爆款文章

无论在什么时代,"内容为王"永远是一句不过时的"金句"。在新媒体时代,更是如此。如果把新媒体运营比喻成一座高楼大厦的话,那么爆款文章就是构筑这座大厦的钢筋混凝土。从这个角度来说,打造爆款文章既是新媒体运营的基础,也是新媒体运营的灵魂。

4.1 九种常见的新媒体文章类型

当你打开互联网,想看点刺激、新鲜的文章,却发现所有的文章都是千篇一律毫无新意的,此时的你是否会犯"阅读厌倦症"?作为新媒体运营人员,当老板不断催促你推陈出新,给予你一"文"惊人的厚望,而你却抓耳挠腮、毫无灵感时,你会怎样突破这样的创作困境呢?

正所谓万事开头难,要想打造爆款文章,首先要做的就是熟练掌握常见的新媒体文章类型。那么,在本节的内容中,我们就将为大家介绍九种常见的新媒体文章类型,帮助你走出创作困境,打开一扇通往"爆款"文章的大门。

4.1.1 事件铺开型

将事件按照起因、经过、结果的顺序依次叙述,让读者通过阅读,能了解事情的整体原貌的文章,我们就将之称为事件铺开型文章。它一般具有刺激阅读、留有思考空间和增进理解三大优势。

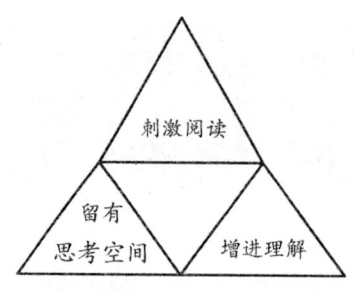

事件铺开型文章三优势

那么，如何才能写出一篇点击量爆棚的事件铺开型的新媒体文章呢？不妨采用下面的写作方式。

1. 首段——设置问题

事件铺开型文章成功的重点便在于首段要能快速抓住眼球，吸引读者的阅读兴趣。在首段抛出一个"精心"设置的问题，不仅能渲染出一种耐人寻味的文字氛围，而且能激发读者强烈的好奇心，从而增加文章的阅读量。

2. 中间情节——环环相扣

在通过首段的出色表现，成功激发了读者的阅读兴趣后，要想继续留住读者的目光和关注重心，下一步就需要我们在文章的高潮部分即事件的中间情节的讲述上，让事件环环相扣，跌宕起伏，精心设置"悬念"，让读者手不释卷，直至读完全文。

3. 结尾——给出答案

结尾不仅是一篇文章的尾声，也是你所讲述的事件的结束。无论这个事件是否有一个完美的结局，在文章最后都需要给读者一个明确的答案，给他们一个交代。否则，一篇虎头蛇尾的文章，读者在阅读完全文后，会有一种被糊弄的感觉，这对你后续发表的新媒体文章，会在一定程度上造成不被信任的负面影响，从而影响文章的阅读量。

4.1.2 专家讲解型

如果一篇极具专业性、科学性或社会性的新媒体文章，"请"来一位专家坐镇，无疑是提高读者与新媒体运营者之间的互动感和好感的一大助力。这就是专家讲解型文章的一大优势。

想撰写出一篇点击量爆棚的专家讲解型的新媒体文章，需要注意以下三点。

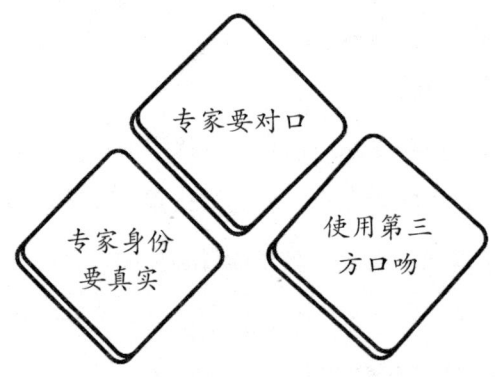

专家讲解型文章撰写三要点

1. 专家要对口

如果你的文章要讲解疾病防控,就需要找医学专家;如果你的文章要讲解女性心理,就需要找心理专家;如果你的文章要讲解金融市场,就需要找金融专家。无论你想写的内容是什么,你所"请"来的专家一定要是和你的主题对口的,千万不要张冠李戴、牛头对马嘴。不对口的专家所讲的东西不仅缺少一定的说服力,而且,久而久之,也会影响你的文章在读者心目中的公信力,从而影响文章的阅读量。

2. 专家身份要真实

要想写专家讲解型的文章,就需要确保你所"请"来的专家的身份是真实的。这样才能保证文章的专业性、科学性和严谨性,树立文章值得被信赖的正面形象,从而避免对读者传递错误的信息。

3. 使用第三方口吻

专家在专家讲解型文章中只是起到佐证观点的作用,因此需要新媒体运营者用较为客观的语言和语气来表达观点,不仅能提升文章的专业性,也能规避打广告的嫌疑。

4.1.3 数据支撑型

在新媒体文章中加入数据图表来提高文章的真实可信度是目前很多新媒体运营者都会使用的方法。这也就是大家所说的数据支撑型文章。

数据支撑型文章的优势主要有以下三点。

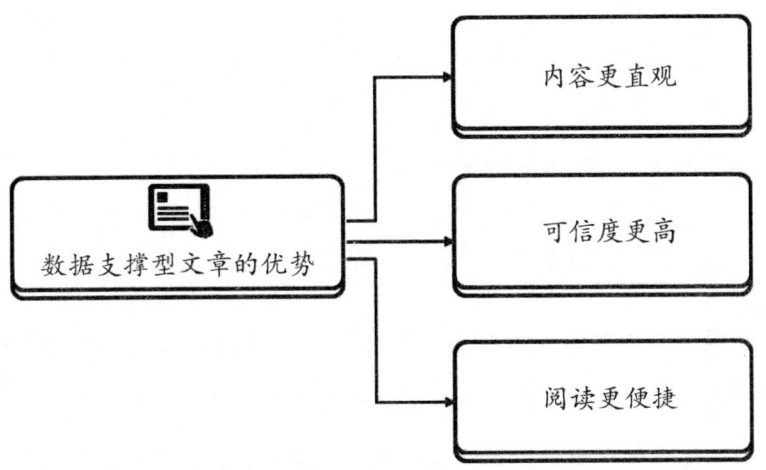

数据支撑型文章三优势

1. 内容更直观

与长篇大论的文字相比，一组数据，一张图表，可能会带给读者更为直观的感受。读者可以根据最直接的数据资料，得知自己最想知道的答案，了解事情的影响力以及内容表达的真实性，也大大节约了读者通读全文和理解消化文意的时间及精力。

2. 可信度更高

一字可有多义，但数据的含义却是绝对的。在文章中加入数据资料，能提高文章内容的可信度，进而使读者对文章产生信任感，增加文章的关注度和阅读量。

3. 阅读更便捷

数据型文章的一大特点就是数据资料完备，文字内容较少。一般读者想要弄清文章含义，找寻自己想要的信息，只需要看懂数据就足够了。不仅大大提高了读者的阅读效率和阅读难度，而且也便于读者之间进行文章的传播和转述。

将数据资料融入文章的方式有很多，比如我们可以将数据制作成图片，使读者能够马上领会全文主旨。写一篇数据支撑型文章，需要牢记在心的一点是，要确保数据来源的真实性。

4.1.4 对比分析型

如果有一篇文章是简单直白地讲述一件事情，另一篇文章是拿两件事情进行对比分析，你在阅读时，哪一篇文章能更打动你呢？现在很多新媒体运营者更喜欢也更愿意写第二种文章，也就是对比分析型的文章。为什么他们更喜欢写第二种文章呢？简单来说，对比分析型文章主要有以下两个优势。

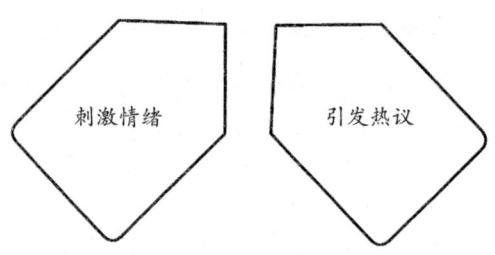

对比分析型文章两优势

1. 刺激情绪

双方对比，常会出现一优一劣、一胜一败的局面。读者在看这类文章时，很容易对其中一方产生特有的激动情绪，进而产生阅读动力，更进一步，可能还会对文章进行评论转发。

2. 引发热议

面对双方对比而产生的个体差异性，有一部分读者可能会受内容的触动，支持其中一方。有人支持一方，自然也会有人支持另一方，读者群体意见不一，就会引发对文章内容的激烈博弈和辩论，你方唱罢我登场，文章内容成了热议话题，文章的整体热度就起来了。

要注意的是，对比分析类文章所选的题材最好是界限分明、非黑即白的事件，这样更便于形成强烈的对比反差感，进而引发读者群体的热烈讨论，提升文章热度。当然，身为作者的新媒体运营者对于事件的态度也很重要，在文末最好明确地点出支持其中哪一方的观点。

■ 4.1.5 故事寓言型

如果一定要在所有文学体裁中选出最受欢迎、阅读群体最广泛的门类，大概非寓言故事莫属了，老少皆宜，情节生动，引人深思。将这类能轻易吸引读者阅读兴趣的寓言故事运用到新媒体文章的撰写中，自然是可行的，也更有助于提高文章的阅读量。

在编写故事寓言型文章的过程中，需要注意以下三点撰写规则。

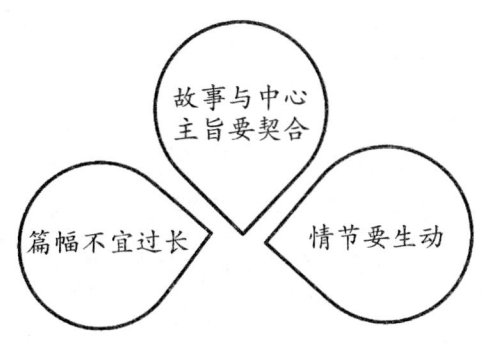

故事寓言型文章撰写三规则

1. 故事与中心主旨要契合

你在确定一个想通过寓言故事表达的中心主旨后，需要谨记的是，编写的寓言故事应当是为表达文章中心主旨而服务、要围绕文章中心主旨发展的。这样读者才能快速地在文章中领会你想表达的内容。如果编写的寓言故事与你想要表达的中心主旨不太契合，读者会对文章内容感到混乱不清。

2. 篇幅不宜过长

故事在精不在多。在编写寓言故事时，整篇文章的篇幅不宜过长，需要在有限的空间里尽可能简洁、完整地表达清楚中心主旨，讲解完整个故事。如果文章篇幅过长，很容易让读者产生厌烦心理，进而放弃阅读，影响文章的阅读量。

3. 情节要生动

寓言故事最吸引人的就是其中反转较多、扣人心弦的故事情节，生动的故事情节能调动整篇文章的文字氛围，激发读者的阅读兴趣。

故事寓言型文章的读者群体大概率上是青少年儿童，所以，需要做到情节生动、语言通俗、主旨清晰、内容吻合，这样读者才不会对文章内容感到模糊不清、混乱不明。

4.1.6 解决问题型

生活并非永远一帆风顺，总会遇到这样那样、大大小小的问题。如果现在有一篇文章，能够给予读者解决相关问题的方法，那么正好触动了他想点击进去一览究竟的好奇心。解决问题型文章正是看中了这一市场行情，应运而生。

解决问题型文章在一众新媒体文章中，有何特殊优势呢？归纳起来，主要有以下三点。

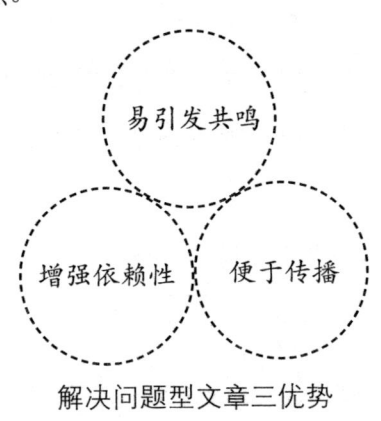

解决问题型文章三优势

1. 易引发共鸣

生活中的问题并非会单独发生在一个人的身上，身边的你、我、他，认识的人、不认识的人，可能都会遇到同一个问题。当一篇文章是立足于这个问题给予读者解决方案，可能就会让读者觉得这篇文章像朋友一般了解他，能送给焦头烂额的他一阵及时雨，从而与新媒体运营者产生情感上的共鸣。

2. 增强依赖性

当读者的某个问题在文章中找到解决方案后，会自然而然地给他留下良好的印象和深刻记忆。当日后再有同样的需求产生时，便会自然地回想起曾经读过的那篇文章，产生一定的依赖性。

3. 便于传播

如果一个问遍千人都无法得到解决的问题，突然在这篇文章中找到了答案，除了会给读者带来一定的惊喜感，同时也会将这份"答案"转发给身边同样对这个问题有所困惑的朋友，进而增加了文章的阅读量。

4.1.7 轻松对话型

读遍了中规中矩、长篇大论的文章,此时互联网给你推送一篇利用两人或多人对话形式来撰写的文章,你是否会眼前一亮,忍不住点开一看究竟呢?

接下来我们了解一下轻松对话型文章的三个撰写规则。

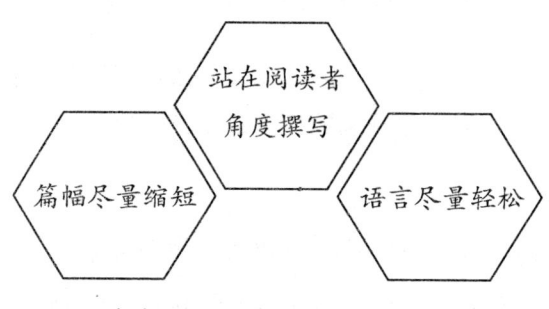

轻松对话型文章撰写三规则

1. 站在阅读者角度撰写

轻松对话型文章的制胜关键就在于是否能成功引发阅读者的共鸣。站在阅读者的角度撰写文章,说他们想说的话,说他们会说的话,这样才能使读者在阅读过程中产生共鸣,从而产生阅读兴趣。

2. 篇幅尽量缩短

如果决定要用对话体来撰写文章,就应当符合日常对话的标准,即篇幅简短、言简意赅。如果长篇大论,那么对话体的优势特色就会被文字覆盖,和普通的文章并无区别。

3. 语言尽量轻松

轻松对话型文章,不仅对篇幅有所要求,语言也应当符合日常对话的风格,尽量表现得生活化、轻松化,像真正的有两个或多个人在互相聊天一样,营造出一种悠闲愉悦的氛围。

4.1.8 海报平铺型

海报图片当下已是各类新媒体运营者在撰写文章时酷爱使用的新宠儿。随便点开一个互联网链接,你可能就会发现一篇利用海报的形式来替换文字的文章。这类新媒体文章为何悄然兴起?它的优势又是什么呢?归纳起来,主要有以下三点。

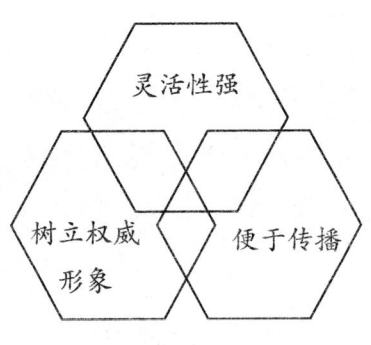

海报平铺型文章三优势

1. 灵活性强

相较于传统的利用文字描述表达观点的新媒体文章而言,海报平铺型文章在撰写操作上有更强的灵活性。它能节约新媒体运营者大量编写、修改、校对的时间,只需要确定海报的中心主题就可以了。

2. 树立权威形象

海报平铺型文章看似简单易操作,实际上也考验了新媒体运营者关于艺术设计和审美的相关能力,常常需要专业的海报设计者的帮助。如果能成功写出一篇大气、灵动的海报平铺型文章,不仅能彰显新媒体运营者的实力,还能树立一个正面权威的形象。

3. 便于传播

图片相较于长篇大论的文字而言，显然更符合当下这个流行快餐阅读的市场环境，它更迎合读者的阅读口味，便于传播。

海报平铺型文章虽然有时不需要新媒体运营者亲自上阵撰写，只需交给外包设计者即可，但我们仍然需要注意三个方面：素材内容要广泛、主题要唯一、给出的基本信息要完整。

■ 4.1.9 图文搭配型

将图片运用到新媒体文章中，同文字结合起来，可以很好地缓解读者的阅读疲劳和视觉疲劳，正所谓"图文搭配，阅读不累"。

想撰写出一篇点击量爆棚的图文搭配型的新媒体文章，需要注意以下三点。

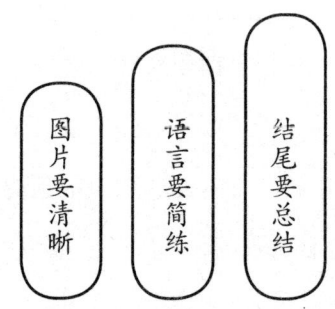

图文搭配型文章撰写三要点

1. 图片要清晰

图片在这类文章中并不是简单的装饰品，而是充当主力军的角色。所以在撰写图文搭配型文章时，一定要注意所用图片的清晰度，最好能将图片格式全文统一，这样既美观，又整洁，还便于理解。

2. 语言要简练

图文搭配型文章虽然需要一定的文字同图片相互配合，但绝不是要你用密密麻麻的文字将一张图片包围，讲得事无巨细。事实上，只需要三言两语，将图片解释清楚即可，这样才能最大化地发挥出文章能让读者轻松阅读的作用。所以，要想写这类文章，需要新媒体运营者尽可能地保证语言简练。

3. 结尾要总结

图文搭配型文章，由于图片的插入和文字的简化，可能无法着重突出文章的中心主旨。正因如此，在文章结尾画龙点睛，进行简明扼要的观点概括就十分重要了，这才能让读者在阅读完文章后，对文章的中心主旨了然于心。

以上为大家介绍了九种常见的新媒体文章类型，希望各位新媒体运营者能从中获得启发，学以致用，写出点击量爆棚的文章。

4.2 打造爆款文章的五个套路

打造一篇爆款文章有多难？难于上青天？其实不然。正所谓"他人笑我太单纯，我笑他人看不穿"。写出爆款文章其实是个看起来复杂，实则十分简单的问题。简单来说，它就是一个找套路、用套路的写文之旅。所以，要想写出爆款文章，我们首先要做的就是要找出爆款文章的"套路"，即它们的内在逻辑和思维方式，也就是其"内核"。

接下来，我们就来讲一讲爆款文章的几大套路，看看如何才能写出爆款文章。

4.2.1 蹭热点

流量至上的时代，拼的就是手速和眼光。如果你还是行业内默默无闻的文章撰写者，不妨试试行业内被奉为金规铁律的一招——蹭热点。无论是新媒体行业的"小白"还是"老油条"，靠它成功翻盘，升为爆款文章撰写者的不在少数。

和热点相比，普通选题自然在吸引流量上无法相提并论。想要将普通选题打造成关注热点，花费的时间周期比较长，而且成本投入往往也比较高，可能耗尽心血到最后也不能收到令人满意的效果。反观热点，可以轻松获得非常高的浏览量，收益和成效能被无限放大。所以，如果你能够蹭上当下最火爆的热点，文章流量的增长速度可能堪比磁悬浮列车，甚至更快。

可以说，蹭热点的好处是显而易见的，但关键的问题是，我们又该如何去蹭热点呢？如何将自己的文章同热点联系起来呢？

答案其实很简单：首先，我们要明确并不是所有的热点都能为我们所用；其次，我们要对这些热点进行分析，分辨大热点和小热点，筛选出能帮助我们打造爆款文章的大热点。

那么，问题又来了，我们该如何去区分大热点和小热点呢？

所谓的大热点，其实就是全民参与的热点。比如韩国明星双宋离婚事件，暑期档《哪吒之魔童降世》的上映，还有2019国际泳联世锦赛的风波，这些都是大热点。总的来说，娱乐明星、国际赛事、影视剧等素材，更容易形成大热点。

而所谓的小热点，则只是在一些特定的领域或者圈子才流行。比如汉服古装、热门小说、滑板文化等，这些素材都比较小众，有特定的受众人群，很难跳出该领域传播。虽然也有一些优质文章是从小热点切入的，但它很难成为爆点。

我们在分辨大小热点时可以把它看成一个简单的数学问题。10万和1万谁更大？这就是大热点和小热点最直观的区别。一个大热点可能有超10万人关注，这个关注度明显大于只有1万人感兴趣的小热点。

需要注意的是，在选择热点的时候，大热点虽好，但我们也不能忽视小热点。热点无论大小，最后都是要为我们的文章服务的。所以我们应该根据自己文章的风格或主题来决定选择大热点还是小热点。大热点能够带来更大的流量，增加文章成为爆款的概率。小热点则能够让你精准定位自己的读者群体，获得更多忠实读者的支持。

所以，我们在筛选热点时，一定要明确文章发表出去的目的是什么，最终想要的效果是什么。我们不能幻想着通过蹭一次热点就一步登天，成为粉丝上百万的大V。要明白，碰壁是常有的，因此我们应当脚踏实地，一步一步，结合自身文章的定位，选取最适合自己的热点"蹭"上去。

总之，无论如何选择，只要能达到自己发文的目的，大小热点都可以纳为己用。但切记不可贪多求成，我们要选出那个最贴合发文目的的热点。

最后，关于大小热点的选择，我们可以进行这样的总结：想要快速获得流量，非大热点莫属；想要获得精准定位的读者的支持，就要舍大取小，小热点明显更符合要求。发表文章的目的不同，我们对热点的选择就要不同，而最终的结果也会不同。

4.2.2 低门槛

通过观察各类互联网平台上的流量情况，我们不难看出，高深莫测、晦涩难懂、科学高端的文章，想成为爆款文章，是真正的难于上青天。而那些成功的爆款文章无疑都有一个特点——低门槛。

比如非常火爆的短视频App抖音，它就是一款低门槛产品。因为操作简单，它的用户群非常广泛，无论是跳广场舞的大妈还是小学生，都能用它拍出动感MV，吸粉无数。

写文章也是一样的道理，语言通俗易懂对于打造一篇爆款文章来说至关重要。我们都知道白居易给老妪读诗的故事，他每次写完新诗都会读给老妪听，确保自己写的诗是能够被普通百姓所理解的，他这样的做法正是运用了低门槛原则。所以，他成了唐代伟大的现实主义诗人，留下了众多脍炙人口的诗作。

作为新媒体运营者，在撰写新媒体文章之前，应当先定位一下自己文章的阅读门槛究竟在哪一个水平，主题是大众还是小众，有没有文化知识水平的要求，要求不要求专业的知识储备等。

要明白，一篇能够被大众看懂的文章，才有可能成为爆款文章。只有把阅读门槛降低，传播门槛才能随之降低，看的人多了，看的人都懂了，流量自然就上去了。

4.2.3 高共鸣

因文而哭，因文而笑，因文而深思，因文而感动，能让阅读者在阅读后有这些阅读效果的文章，我们就可以将它称为高共鸣文章。我们如果仔细分析那些爆款文章，就会发现，它们的共同特点就是高共鸣，能引发读者群体的内心波动，自然就能带动文章的流量。

共鸣分为正向共鸣和反向共鸣两种。

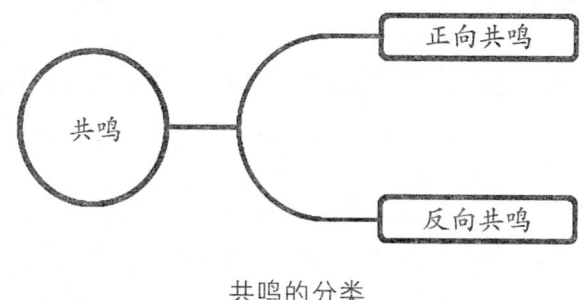

共鸣的分类

正向共鸣是他人对你的认同，反向共鸣则是他人对你的不认同。

认同你的人，会与你产生"同病相怜"的亲近感；而不认同你的人，会与你产生两方将战的焦灼感。无论是哪一种共鸣，只要在读者群体中产生了，都很容易让文章成为爆款文章。

比如海澜之家的广告，它就是一个正向共鸣的例子："排队等iPhone7已经过时了，现在流行排队抢海澜之家。"

它把海澜之家和iPhone7相对比，让消费者产生一种认同感。海澜之家是我们的本土品牌，随着最近几年我国经济的腾飞而快速发展，它逐渐从国内走向国际市场，令国人感到自豪。曾经为了抢到苹果手机的首发而疯狂排队的国人，现在终于发现让人为之疯狂的不再单单是进口产品了。这则文案引起了强烈的正向共鸣，带来了非常好的传播效果。

要理解反向共鸣就更容易了，有兴趣的话可以去网上围观那些参加了综艺节目《奇葩说》的嘉宾，他们最大的一个特点就是喜欢同人唱反调。大众夸的他就骂，谁被众人骂惨了，他就公开表示支持。这种就是非常典型的利用反向共鸣获取流量，他们故意发表一些言论给自己"招黑"，这也是为了打造爆款文章而进行的一种操作。

4.2.4 新形式

如果上述的蹭热点、降低阅读门槛和用内容引发阅读者情感共鸣的方式，还不足以解决你目前在打造爆款文章之路上的困惑和问题的话，那么，你不妨考虑一下，是否能在文章的呈现形式上下功夫。

互联网时代，浏览新媒体文章的方式有很多。大部分文章是采用静态文字的呈现方式，在电子产品上推送给阅读者。如果此时你推送出去的文章，读者一打开，能听到背景音乐或者人声朗读，会产生什么样的效果呢？

可能会让读者感到新奇，从而产生新鲜感。而新鲜感就是促进读者互相转发的很重要的一个因素，因为每个人都希望自己转发给别人的东西是与众不同的。

以深圳证券交易所的"漫画"为例，内容上主要是告诫投资者在买入股票时，应当仔细查阅公司披露的公告和重大风险提示。我们想象一下，这类严肃而有专业知识限制的内容，如果写成长篇大论的文字或者中规中矩的公告，你会去仔细阅读吗？你能看得懂吗？你愿意去读吗？深交所在内容呈现形式上的大胆创新，有趣、幽默的卡通人物形象，简单易懂的文字介绍，紧张局促的故事情节发展，想让人不看、让人看不懂都难。同时也达到了警戒大众的效果。

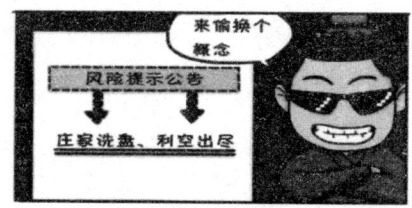

深圳证券交易所"违规信披"主题投教漫画

需要注意的是，因为流量文化最近几年才兴起，所以爆款文章目前还在自我生长的阶段，没有明确的行业规范或相关的法律法规加以约束。在这样轻松的创作环境之下，很多人会被流量文化的快速发展蒙蔽了双眼，致力于不择手段，甚至不惜通过造谣、欺骗等手段，一心只追求眼前爆红的利益。这样的发展是不会长久的，并且还存在很多的负面隐患。

所以，在创作文章时，我们应当在自己心中画出底线，并坚守自己的底线，才能让自己将来不会因为愧疚而后悔。

4.2.5 明星效应

除了聚焦民生的社会热点话题，明星基本上就可以和流量画上等号。"当红炸子鸡""流量四子""当红四小花""国民老公"等关键词，长期霸居各大互联网平台的推荐首页。但想将明星流量同我们的文章相结合，也并非易事。很多创作者身份普通、主题普通、内容普通的文章，很少有机会能够运用明星效应，就算有，也只是偶尔运用，而不能成为一个长期的资源。

所以，如果时机合适，将明星效应运用到文章中，不失为能快速带来流量的方法。但它并不是万金油，任何文章、任何人都能随意使用，我们应当在使用前看一下，自己能不能运用类似的资源，否则强加使用，小心会造成"水土不服"的反噬效果。

在确定要在文章中加入明星效应元素后，我们需要知道的是，娱乐圈不仅只有娱乐八卦，还有很多能够吸引大众的关注热点的东西。比如明星平时参加的一些活动或者采访，这样的内容已经足以吸引大量粉丝关注，读者可以通过阅读你的文章，更加了解自己的偶像，获得更多娱乐资讯。

以上为大家介绍了打造爆款文章的五大套路，希望大家能够学以致用。

4.3 加点"干货"，文章不火都难

"强推！满满干货！"如果你正在网上冲浪，相信只要随便刷新一下，很大概率能看到用这六个字打头阵的推送内容。可见，富含干货的文章是目前最受读者喜欢的文章。

作为一个新媒体运营者，你了解什么叫"干货"吗？你知道如何去

写这一类的文章吗？接下来我们就说一说"干货"的那些事儿。

4.3.1 干货类文章的特征

什么叫"干货类文章"？一般来说，那些能帮助读者找到并提供对他最有价值的知识点的文章我们称为"干货类文章"。这些"干货"知识点可能并不是你的独家原创，但能让读者看完后收获新的技能，所以这类文章一般在读者群体中得到的反响很好。

那么，一篇吸引眼球的干货类文章需要具备哪些特征呢？归纳起来，干货类文章至少应该包含两大特征，如下图所示。

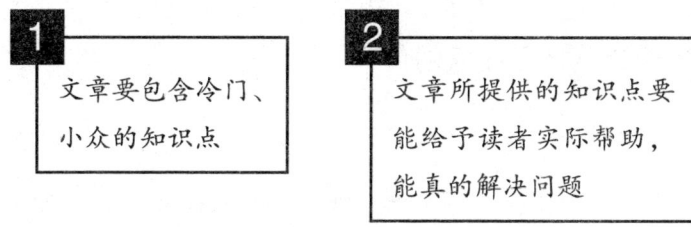

干货类文章的两大特征

在我们了解了干货类文章的主要特征和市场欢迎度后，又该如何做才能使我们的文章充满干货感呢？接下来，谈几点具体的做法。

1. 内容上——图表数据来助阵

文章中插入图表数据是现在很多新媒体文章创作者爱用的写作风格。这样做一般有两个目的：一是凸显文章作者的个人能力；二是利用真假难辨的数据引发读者的疑问和思考，看着不可信，却又无力反驳，只好打消疑虑，选择相信。

2. 结构上——清晰明了最舒服

结构清晰、格式整齐的文章，有谁不爱读呢？这也能大大降低阅读的跳出率。

3. 主旨上——文末总结要到位

在一篇文章里,文末往往是全文的一个总结概括,用来阐述文章的中心主旨。文末的总结能够让读者快速理解文章大意,了解文章内容。

4. 形式上——图片增强现实感

根据大数据分析,有配图的文章的转发率要远远高出那些没有配图的文章。所以,如果你能在文章中加上一些图片,就能大大增加这篇文章的现实感,因为用户能够通过图片看到更加真实的东西,而不只是你的文字表述。

■ 4.3.2 干货类文章如何创作

在了解完何为干货类文章后,我们接下来就该看看如何才能创作出一篇干货类文章了。具体来说,创作干货类文章可以分为以下四个步骤。

1. 定大纲

定大纲需要我们明确两点:明确主题和明确论点。

干货类文章在体裁上来说和议论文颇为相似,它们二者都需要摆观点、做陈述、亮态度。在写这类文章之前,要先确定主题,才能明确文章所要论述的中心观点。

明确主题只能让我们对文章内容有一个大概轮廓,明确论点就是将这个模糊的轮廓具体化。清楚文章的中心论点,才能知道要通过哪些小论点来支撑文章的中心论点,了解每个论点的独立性以及是否处于层层递进状态,进而完成一篇结构分明、逻辑清晰的文章。

关于论点的说明,可以采用金字塔原理,如下图所示。这样做的好处是你的正文内容能够更加清晰，结构能够更加分明。

金字塔原理

2. 收集素材

要想写一篇干货类文章，首先文章的创作者自身得装有满满的"干货"，这就需要重视平日的素材积累量了。积累大量素材，再利用其他工具进行归纳整理，这样在写文章的时候就可以运用我们收集的这些素材，不怕文章中没有"干货"了。那么除了运用自己辛苦积累的素材外，还有什么方法能够帮助我们快速地收集素材呢？

我们可以借助一些搜索平台，像知乎、微博、百度等，围绕主题大纲输入与素材相关的关键词，点击搜索就能找到想要的素材。比如你要写一篇关于儿童教育的文章，可以借助百度，搜索教育、儿童心理等关键词，就能看到与主题相关的内容，并且还有大量网友写的关于这个话题的评价和讨论，你可以从中找到自己所需要参考的资料。

我们收集素材虽然强调多多益善，但也要做到"宁缺毋滥"，莫"贪多"。素材虽然千千万，取之不尽，用之不竭，但新媒体文章的创作者也有千千万，你辛辛苦苦收集的大量素材可能已经在别人的文章中出现过了，而且很可能你收集的这些素材在后来的文章中压根用不到，那么你就把大量的时间浪费在收集素材上了。所以我们在开始创作之前，要给素材的收集量定一个大概范围，一般10~15个就够了。

3. 开始创作

明确了文章的中心主题和主要论点，素材也收集得差不多了，接下来就要正式开始进入文章的创作了。

在这个过程中，你首先得把收集到的素材进行个人化处理，让它们附带上你的个人风格，而不是直接拿过来照搬照抄。通过阅读别人的文章，学习借鉴别人的方法，即使你想要表达的意思同他人所写的文章相差无几，你也要重新整理，形成属于自己风格的干货类文章。一千个读者眼中有一千个哈姆雷特，放到文章创作者身上，也是这样的。每个创作者的性格、理念都不尽相同，所以即便是写同一主题的干货类文章，文章所展现的文风或者形式也会完全不同。

处理完素材，接下来就要进入正文的撰写过程了。在文章的撰写过程中，需要注意以下三点。

（1）突出重点，分清主次

既然已经确定了文章的主题内容和中心思想，那么创作文章时就要紧紧围绕着它来写。很多人文章写出来模糊不清，结构混乱，就是因为不清楚自己文章的主题，甚至一篇文章出现多个主题，这样的文章很难真的吸引读者。

要知道，我们写文章的目的就是通过文字来和读者沟通交流，达成心灵之间的共鸣，所以我们要站在读者的角度思考问题，重点突出，主次分明，让读者对文章内容一目了然。只有做到让读者被我们的真诚和严谨打动，我们才可能收获读者的喜爱。

(2) 内容真实

虽然现在是个流量至上的时代，夸张、低俗类的字眼和内容很容易引起"爆款"效应，但仅仅为了流量而采用虚假的文章内容来博取读者的关注，这种文章可能会暂时获得一次或两次的流量热度。当读者大量接触这类文章时，他们就会慢慢发现这其中的猫腻，从而怀疑你文章的真实性，久而久之，用户会屏蔽类似的文章。

所以，为了能让我们的文章长久地得到大家的欢迎和喜爱，我们在写文章时就需要注重文章的真实性。如果真的不能保证全文都使用最真实的素材和介绍语，起码也要保证文章90%的真实性，按照这样的比例来写文章，不会显得太虚假，用户也乐于接受。

(3) 给文章内容注入灵魂

在写干货类文章时，可能要大量引用专家观点或者数据图表来佐证我们所提供的"干货"的真实性。但只有这些东西是不行的，我们可能还需要适当加点极富生活趣味和烟火气的案例，给文章调个味儿、加点颜色。

比如写金融类文章，专业知识和技巧的大量列举，可能会让文章看起来索然无味，如果此时你在其中能加一些你个人关于这类金融事件的小故事，不仅能让文章增加趣味性，同时也便于这些枯燥的专业性知识被读者所理解和接受。

4. 精心打磨

虽然现在很多人都比较推崇文辞自然舒展、不加刻意雕琢、有浑然天成之势的文章，但这并不意味着我们撰写文章可以随意而为、不管不顾。一篇好的文章是需要精雕细琢、慢慢打磨出来的，大到行文思路，小到标点符号，都需要我们用心去品味、去思索，做到尽善尽美，用心将文章变为"天然雕饰"的优秀美文。

以上我们分享了给文章加点"干货"的必要性和步骤。总之，如果我们能通过给文章加点"干货"，让读者从中学习到新知识，掌握新技能，产生对文章的认同感和信任感，那么久而久之，我们就离轻松打造出爆款文章不远了。

第五章
阅读量超10万的标题的写作思路

在"互联网+"急速发展的今天,我们身处在一个信息爆炸却又极度碎片化的时代。这样的时代特点在带给我们信息便利的同时,也带来诸多困扰,比如我们对每个信息的停留时间明显减少。因此,标题作为文章的门面,能否让人眼前一亮,成为新媒体运营与营销的重中之重。

5.1 四大注意事项，让拟写标题事半功倍

俗话说"看书先看皮，看报先看题"，所谓题，就是标题。标题作为文章的主要内容和主旨的呈现，虽然简短，但是作用至关重要。因为它是用户对文章的第一印象，它的亮眼程度直接决定用户的点击率。

很多做运营与营销的人有这样的疑问：文章的内容还不错，但是点击率不怎么好，这是为什么呢？之所以出现这样的问题，大多数与标题写得不吸引人，或者犯了写标题的大忌有关。魔鬼出在细节里，被忽视的细节往往决定事情的成败，更何况是一篇文章最为显眼的标题。所以在写标题之前，一定要了解拟写标题的注意事项，这样做起新媒体运营与营销来才能事半功倍。

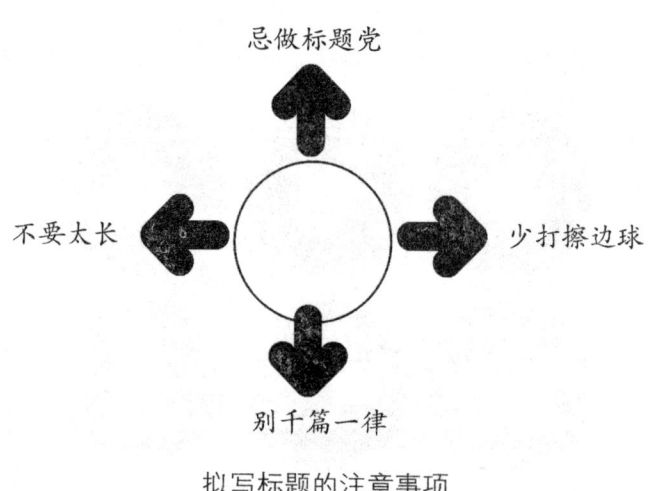

拟写标题的注意事项

5.1.1 忌做标题党

《著名主持人××在大街上被强行拖行》《太可怕了！死亡率100%，很多人家里都有！一定要看！》《3个女人和105个男人的故事》……相信大家对于此类标题并不陌生，但是点击进去发现内容的真相是：印有某主持人图片的购物袋被拖行；普及狂犬病常识；水浒传……这就是标题党的真实写照。

也许这样可以一时为文章赚来点击率，但它文不符题，浪费用户的时间，欺骗用户的感情，污染用户的眼睛，会让用户出现抵触心理，下次你想再传达有价值的信息，会出现"狼来了"的悲剧。

所以，"千万""真相""万万没想到""揭秘"等稍显危言耸听的关键词形成的标题正逐渐被UC、网易、今日头条等自媒体屏蔽，如果想要长期做新媒体运营与营销，一定要告别标题党。

5.1.2 少打擦边球

每个行业有每个行业的规则，在规则的限定范围内，想方设法让标题变得吸引人那是本事，如果挑战规则打擦边球，尤其是打法律的擦边球，面临的很可能是封号处理。比如以下标题：

出国的女孩，请远离这些外国渣男！警惕这些洋套路——北美留学生日报

17岁男孩跳桥身亡：妈妈，求你不要嫌弃我——HUGO

他拍的1000张小弟弟的照片——蝉创意

这些标题在挑战造谣、涉黄的行业底线，后果也就可想而知了。所以行业规则的擦边球不是那么好打的，尽管这些标题一出都是10万以上

的阅读量，但是后果不是想长期做运营与营销的人能承受的。

5.1.3 别千篇一律

私人订制之所以贵，是因为它贴心、合适。很多人做新媒体运营与营销时想打造自己的风格，这一点虽然很好，但是一定要注意，不同的媒体平台有各自的属性和风格，如果自己塑造的标题风格与平台风格不符，很难出现高点击率。

比如今日头条的口号是"你关心的，才是头条"，也就是说用户感兴趣的才是头条推荐的。在这样的新闻资讯类写作平台，娱乐和新闻类标题比干货、文艺类标题更容易获得点击率。

5.1.4 不要太长

信息爆炸的时代特色，让用户的注意力变成了稀缺资源，所以新媒体运营与营销人员都在标题这个门面上下功夫，以至于标题越写越长。其实这是一种"信息前置"的现象，期望通过标题就让用户知道所想传递的信息。

但是大家不要忘了，标题太长，在推送时会出现折叠情况，反而影响用户的观感；容易造成关键词不明确，影响运营与营销的效果；标题传递的信息过多，导致用户不想打开阅览整篇文章，影响点击率等。

所以，大家要注意，标题不是靠字数取胜的，而是靠凝练，越是简短有力的标题，越抓人眼球。

5.2 五个标题要点,轻松抓住用户眼球

"写作标题时一定要抓住用户眼球",很多新媒体人看到这句话会非常头疼,感慨想要在内容爆炸的时代抓住用户眼球哪有那么容易。标题作为内容的门面,起到概括全篇内容、吸引用户注意力的作用,写起来不容易也情有可原,更何况我们还想要让它成为爆款。

这一节,我们去伪存真,帮大家总结阅读量超20万的标题的背后规律,只要找到要点并且善加利用,抓住用户眼球会变得轻松很多。标题的写作要点主要有以下五点。

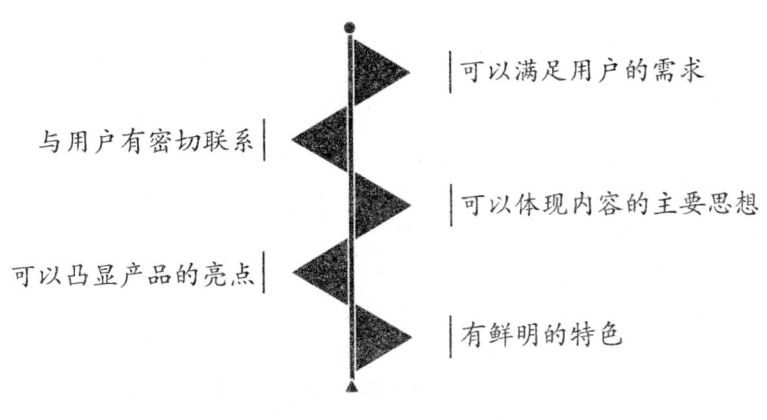

标题的五个写作要点

■ 5.2.1 可以满足用户的需求

标题是为用户服务的,所以标题无论写得多么天马行空,都要以用户的需求为中心。只有如此才能命中用户的痛点、痒点、爽点等,让标题独具特色、吸引眼球。

那么我们应该怎么找用户需求呢?一般来说,只要做到以下两点,就可以基本找准用户需求。

1. 做好用户需求分析

不知道大家知不知道马斯洛的需求层次理论，在做产品分析报告涉及用户需求时往往使用这一理论，在新媒体写标题需要做用户分析时同样也可以套用这一理论。

马斯洛理论将用户需求从低到高分为七层：第一层是生理需求，人们对空气、水、食物、住房等硬件的需求都是生理需求；第二层是安全需求，人们对人身安全、生活稳定、是否遭遇痛苦和疾病等的需求属于安全需求；第三层是社交需求，人们对亲情、友情、爱情、工作等产生的关系的需求属于社交需求；第四层是尊重需求，人们对自我价值、社会价值、他人的认可和尊重等的需求属于尊重需求；第五层是认知需求，人们对自己、他人、事物等变化产生理解的需求属于认知需求；第六层是审美需求，人们对美好的人、事、物的欣赏及由此产生的心理需求等需求属于审美需求；第七层是自我实现需求，人们对自身潜能发挥、目标实现等的需求属于自我实现需求。

新媒体写作标题时只要把握住这七个需求当中的任意需求，让用户出现"对我有用""我感兴趣"等感觉，便能轻松抓住用户眼球。

2. 增加与用户的交流

以上七个需求可以根据自己的需要直接套用在标题当中。除此之外，我们还可以增加与用户的交流，以此来进一步发掘用户需求，让用户需求更加精准。比如我们可以多做问卷调查，经常跟踪文章的阅读量、视频的点击率、整理用户评论等，时间久了便能摸到用户需求的脉搏，写出吸引用户眼球的标题。

5.2.2 与用户有密切联系

新媒体标题要想吸引用户眼球，与用户有密切联系至关重要。标题与用户的密切联系可以说是满足用户需求的进一步延伸。

有很多新媒体人在写标题时明明找到了用户需求，但是却没有与自己的用户产生密切联系，这样仍然达不到好的效果。比如你是宣传美妆产品的，面向普通美妆用户的标题无论怎么写都可以与他们产生联系，可是面向的用户如果是敏感人群或者孕妈妈，标题侧重点就要有所改变，美、爆款、好用等字眼都不是这两类人群关注的要点，他们关注的是展现美的同时不过敏，对孕妇无害，这样做标题才算是与用户有密切联系，才能更吸引敏感人群或者更关注宝宝健康的孕妈对标题产生兴趣。否则泛泛而谈，都是空谈。

5.2.3 可以体现内容的主要思想

在碎片化信息爆炸的"互联网+"时代，作为文案门面的标题对文案的阅读量或者点击率来说起到越来越重要的作用，甚至可以说很多用户对标题不感兴趣就不会再去看整个文案。

在写标题时我们可以取巧，就是直接让标题体现内容的主要思想，也就是文案内容的诉求重点。这样一来，即使人们没有阅读或者点击整个文案观看，我们所要宣传的东西也已经让用户留意到了，如果是有需求或者对此关注的潜在用户，自然会进一步阅读或者点击文案，了解更多相关内容。

5.2.4 可以凸显产品的亮点

产品的亮点不是产品的卖点,这一点一定要做好区分。简单来说,产品的亮点是吸引用户的点,而产品的卖点是产品在同类产品中的优势。在写标题时,我们最好可以凸显产品的亮点,以此吸引用户注意。

比如我们要推荐一款相机给用户,写标题前需要明确我们要吸引的用户是男是女。根据男女思维的不同,如果产品面对的是以感性思维为主的女性用户,那么标题所要凸显的产品特色就不是性能优势、数据对比,而是它很时尚、漂亮;如果产品面对的是以理性思维为主的男性用户,标题所要凸显的产品特色则刚好相反。

除此之外,标题要写给哪个年龄层的用户看,不同年龄层的用户平时最关注的点是什么等,都是影响标题写作的要点。所以想要通过标题就抓住用户的眼球,需要我们平时多看、多想、多研究,找到产品亮点与用户需求相结合的点,将其凸显在标题中,才能达到标题阅读量20万以上的目标。

5.2.5 有鲜明的特色

信息爆炸必然导致信息同质化严重,事情就是这个事情,产品就是这件产品,关键词就这么多,体现在成百上千甚至上万个只有短短十几个字组成的标题中,想不重复都难。但是难不代表做不到,能够在重复、泛滥的标题当中突围而出,给自己的标题打上"特色鲜明"的标签,新媒体运营与营销就会离成功更近一步。

比如papi酱,给自己打上"一个集美貌与才华于一身的女子"的标签,无论是自夸还是"自黑",成功凭借张扬的个性、幽默又毒舌的吐槽能力等成为超级IP。她所发布的短视频都带有这样鲜明的特色,而且将这种特色成功植入用户心中，让"papi酱"这个名字成为最好的标题，在一众标题、内容大同小异的新媒体运营与营销当中，标题里带着papi酱就能吸引点击率。所以，标题不在于长短，做到在用户心中特色鲜明才是重中之重。

回到标题上来，比如曾经举国关注的"问题疫苗事件"，短短几天之内新闻可能就出了几十万篇，几十万篇新闻对应的是几十万个标题，如何在这样庞杂的标题中脱颖而出呢？如果你运营的新媒体以新闻资讯内容为主，那么标题中体现"前沿资讯""首发消息"自然更吸引人；如果你运营的新媒体以孕产育婴内容为主，那么标题中体现"妈妈怎么做""安全""放心""补救"等关键词则更吸引人。

所以，标题具有鲜明的特色并没有想象中那么难，不是让你独树一帜，而是让你从自身的具体情况出发，结合用户的关注点，在有限范围内做到恰到好处，就能避免同质化标题，让自己的标题特色鲜明起来。

万变不离其宗，无论怎么写标题，好的标题都离不开以上五个要点，把这五个要点琢磨透了，轻轻松松写出阅读量20万以上的标题就不是白日梦，而是可以实实在在达成的目标了。

5.3 五种标题设置，让用户想一探究竟

很多新媒体运营与营销人员在做新媒体运营和营销时，常常为了如何更好地进行运营与营销，吸引更多的用户而"熬秃了头""愁白了头"，尤其是吸引流量的第一步——标题怎么写更是愁煞人也。为此

很多新媒体运营与营销人员常常感慨，如果标题有公式可以直接套用就好了。

其实，标题真的有公式可以直接套用。众所周知，公式是一种通用格式，我们对爆款标题进行分析、总结，得出来的规律何尝不是一种公式。在写标题时直接套用公式，写出来的标题也许不会那么好，但是也不会有多糟糕。如果稍微加上一些突如其来的灵感、自己的奇思妙想或者精准的用户痛点等，标题分分钟变成阅读量20万以上的爆款也不是难事。

■ 5.3.1 标题加减法设置

标题加减法设置就是先确立标题关键词，然后对标题进行扩写或者缩写的一种标题设置方法。

1. 标题加法设置

标题加法设置很容易，就是在标题关键词的基础上，在其前面、后面或者将其分割开来，添加字词或短语的一种方法。

比如我们以"明星座驾"为关键词来介绍汽车，如果标题为《明星和他的座驾》显然比较寡淡，很难吸引人，此时就需要进行加法设置。我们可以把标题改为《五位明星和他们的经典座驾》《告诉你什么叫低调的奢华！五位明星和他们的经典座驾》《五位明星和他们的经典座驾，人气爆红，出行却低调到不行》等，这些扩写词可以让新媒体文章的标题有很大的改观，显然都比《明星和他的座驾》更吸引人。

2. 标题减法设置

标题减法设置比加法设置做起来要难，因为减法要做的是舍弃，需要我们对原有的标题进行分解、重组或者压缩，把不重要的词舍弃掉的同时还要保证其吸引眼球的能力，更考验文笔功底。

以网上的一个标题——《盘点国内各大明星的座驾，谁的车最豪华呢？没想到竟然是她》为例，这个标题相对来说比较长，我们在做减法时可以把相对不那么重要的词舍弃，比如可以改为《国内明星座驾大盘点，她的最豪华》《明星豪华座驾，最牛是她》等。

当然，我们说加减法设置只是提供一种标题设置方法，以上例子是告诉大家什么是加法、什么是减法，在写标题时综合运用加减法，便可以让标题更具有冲击力。

■ 5.3.2 标题平台化设置

在"互联网+"时代，涌现出大批新媒体平台，能够存活下来且用户活跃的平台都具有鲜明的特色，所以标题设置也要根据平台特色进行"私人订制"。以下举几个平台化设置的例子供大家参考。

1. 知乎

知乎是一个真实的网络问答社区，"有问题，上知乎"的广告语更是深入人心，这让知乎成为一个以"为什么"为标题关键词的平台。所以将标题设置为疑问式比平铺直叙式更合适。

比如我们要科普手机安全问题，比起《边充电边打电话手机容易爆炸》来说，《为什么手机边充电边打电话容易爆炸》为标题更适合知乎。因此要想在知乎平台上做运营与营销，先写好文章，再去知乎上以"为什么"为标题搜索相关问题并回答，流量轻松就能涨上去。

2. 今日头条

今日头条是一款基于数据挖掘的推荐引擎产品，为用户推荐信息，它主张"你关心的，才是头条"，也就是说用户感兴趣的才是头条推荐的。在该平台高精准推荐、巨大流量的加持下，要想利用其做运营与营销，需要明确，相较于干货类、文艺类标题，娱乐类和新闻类标题更容易获得点击率。

所以标题写作可以借助娱乐、新闻的点。比如炎炎夏日，很多人喜欢铺凉席睡觉，新闻报道有些织物凉席的pH值或甲醛超标，如果你在做凉席或者相关类产品的运营和营销，便可以以新闻报道的形式来写标题，像是《pH值或甲醛超标危害健康？这款凉席放心睡》《告别不健康凉席，冰丝四件套让你清凉一夏》等。

3. 微信公众号

微信公众号背靠微信这一主要社交媒体平台，可以说是天生站在巨人的肩膀上，是目前最火热的一个平台。虽然竞争压力大，但是其拥有海量用户，仍然是必不可少的运营与营销之地。因为它利于传播，所以想要在微信公众号上出爆款标题，标题在底线范围内有更具煽动性的词汇、与常规反其道而行更容易让用户产生代入感、同理心和刺激感，进而提高阅读量或点击率。

除此之外，还有简书、豆瓣、大鱼号、百家号、搜狐号、QQ公众号等诸多新媒体平台，每个平台都有自己的特色，在此不再一一赘述，大家根据自己的需要研究、使用即可。

5.3.3 标题情景化设置

标题情景化设置就是通过标题可以让用户构建起情景的一种标题写法，比较常用的方法有以下两种。

第五章 阅读量超10万的标题的写作思路

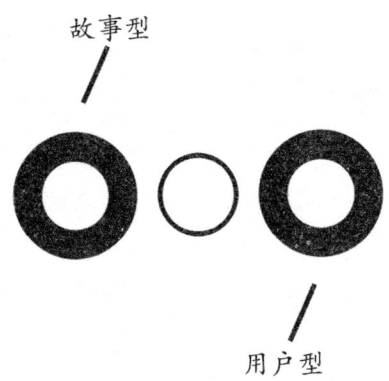

标题情景化设置的两种类型

1. 故事型

我们从小听故事长大，可以说故事几乎贯穿我们的一生，所以我们自然而然对故事型的标题更加关注。故事型的标题情景化设置，就是标题开门见山地讲故事，有想象力、戏剧化情节，前后反差明显，可以给人正能量或者刺激感，进而提高标题的点击率。

比如《褚时健去世，晚年创业"褚橙"市值近2亿，成一生创业标杆》《书中黄金屋，这样做触手可及》《从负债200万到净赚1000万，他只用了短短1年》等。

2. 用户型

用户型标题情景化设置，是指站在用户角度，说出用户心里话的一种标题写作方法。这种标题的优点是情景化强，让用户看一眼脑中就自动浮现想要@的人，而且这种以用户心中所想为出发点的标题，可以最大限度地触碰到用户的痛点、痒点或者爽点，对点击率、转化率非常有利。

比如papi酱的《姨妈来了？多喝水》《滚！》，HOGO的《女孩子不要太辛苦》《你养我啊?》等,看到的瞬间就有满满的攻击欲或者同理心,想要转给某个人看。

总的来说,标题情景化设置对于新媒体运营和营销人员来说比较容易,毕竟成功的人、成功的企业、成功的产品都有故事,素材丰富,方便取材。如果不知道怎么写,建议大家多去知音的官方网站看一下它们的标题,毕竟擅长煽情、讲故事的"知音体"标题可是让知音驰骋期刊界很多年,即使是在新媒体时代也值得我们借鉴。

5.3.4 标题风格化设置

所谓标题风格化设置,是指标题具有独特于其他标题的表现,即用词具有偏向性,比如夸张、幽默等。

1. 夸张

夸张的表现力非常强,是在标题中将某个观点或某件事情夸大来吸引用户的注意力,进而进行运营与营销的一种标题写作方法。比如《惊!30岁的年龄,60岁的身体》《家里这处卫生死角易致癌,99%的人都不知道》等,这种标题虽然夸张得让人反感,但是不可否认它是朋友圈里的爆款标题。

2. 幽默

幽默的语言生动、诙谐,可以让标题变得活泼,让用户产生兴趣或者回味无穷,进而激发点击、转发等行为,无形中让用户成为新媒体运营与营销中的口碑传播者。

比如某化妆品宣传祛痘产品的标题——《赶快下"斑",不许"痘"留》,某公交司机呵斥小偷不让其上车的新闻标题——《"这辆车不欢迎你,下去!"公交司机拒绝乘客上车,却被网友狂赞》等,语言都比较幽默、生动，容易吸引用户的目光。

除此之外，标题的风格还可以典雅、简约、壮丽、新奇、嘲讽、悬疑等，只要你想得到，都可以结合自身运营或营销的"产品"写出相应的风格。

5.3.5 标题借用型设置

借用型可以说是标题设置里极其常用的一种"公式"。所谓借用，俗称"傍大款"，是我们站在巨人肩膀上对标题的一种再加工，可以用最小的力气获取最大的流量。比较常见的标题借用型设置有以下八种。

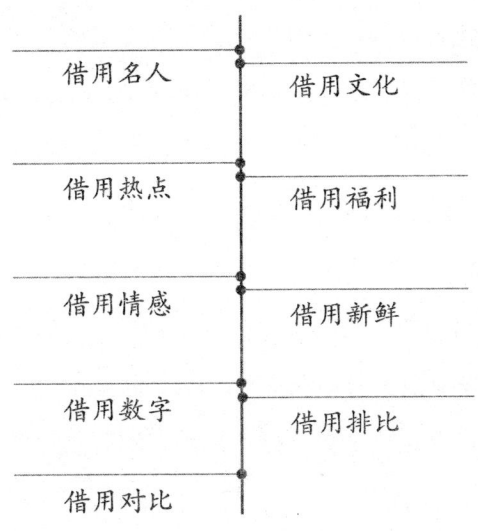

标题借用型设置的八种类型

1. 借用名人

名人活在大众的聚光灯下，所有事情都是大众关注的焦点，很容易形成噱头，吸引大量流量，这就是明星效应。所以在写标题时学会借用"名人"，可以起到事半功倍的效果。比如"一条"的《今年头采的西湖龙井，慈禧太后喝的就是这家的茶》《故宫出了条开运红绳，姚晨、景甜、吴奇隆都在戴》等，无论是标题中借用的历史名人还是现代明星，都给标题增加了曝光度。

除此之外，名人不单是历史名人或者明星，还有各行各业的牛人或者知名机构等，写标题时巧妙借用他们背书也是一种打造爆款标题的好方法。

2. 借用文化

耳熟能详的成语典故、诗词歌赋、谚语、歇后语、方言、行业内术语、影视作品、文学作品等运用在标题中，都是借用文化的一种标题写作方法。借用文化形成的标题可以提升新媒体运营与营销过程中的"文化涵养"，降低运营、营销的功利性，润物细无声地渗透到用户心中。

比如《谁动了我的奶酪》1998年出现，至今都有标题在借用它的文化余温，比如《谁动了我的简历数据》《谁动了我的个人信息》等。

3. 借用热点

热点是指热门事件、热门新闻、热点关注等，如果标题可以乘上热点的东风，关注率、点击率不在话下。

热点可以通过百度风云榜、微博热点、实时热门事件等获取，比如奥运会、世界杯等赛事热点，情人节、春节等节日热点，用工荒、996工作制等民生热点等，如果在它引发全民关注的时刻可以运用在自己的标题中，打造阅读量20万以上的爆款标题会变得容易很多。

比如《刀塔霸业：V社996工作制都救不了的游戏？恐成下一个A牌》《如何摆脱996工作制？日剧〈我要准时下班〉给出答案》等。

除此之外，流行词汇也可以算在热点的借用范围当中，在写标题时借用当下流行的词汇，可以在一定程度上提升用户的关注度。比如新东方的《2019年爆红的网络流行语，用英语怎么说"柠檬精"？》，就是借助"柠檬精"这一流行语来提高用户对新东方关注度的一种标题写作方法。

4．借用福利

如果新媒体运营与营销的是某品牌或者某产品，那么借用打折、优惠、减免等福利字眼来写标题，直接点明利益点，以"利"诱人无疑是非常有用的一种方法。

比如借用拼多多"百亿补贴"福利而衍生的《拼多多的百亿补贴车速惊人，数码产品击穿低价》《拼多多空调销售同比增长超200%，头部品牌聚集效应明显》《中国版的可口可乐原来是它！在拼多多上就卖出了10万+的销量》等标题，都是借用"百亿补贴"的福利在做营销。除此之外，还有小米手机《小米Max3大屏大电量，首发送10台！》《每天送一台小米6X，还不快来》等，都是在借用福利来写标题。

5．借用情感

五味杂陈、七情六欲、人间八苦……情感是人人都摆脱不掉的。所以想要写出爆款标题，借用情感是非常重要的一种方法。

比如2019年刷爆朋友圈的《啥是佩奇》，它是张大鹏执导的贺岁片《小猪佩奇过大年》的先导片，虽然时长只有5分40秒，但是之所以一经推出就引发病毒式传播，就是因为它抓住了情感的软肋——到底啥是佩奇？全家在一起就是"配齐"。对于重视春节、团员、亲情、血脉的中国人来说，这种宣传方法不火都难。

6．借用新鲜

人们总是对新鲜的人、事、物感兴趣，所以标题中一旦出现"惊现""首次""领先""创新""原创"等词汇，总能在第一时间抓住人们的眼球。我们可以结合自己的新媒体运营与营销，运用一些新颖的标题形式、新鲜词汇等引发用户的好奇心。

比如《华为鸿蒙系统正式发布，万物互联》《震撼！一张张长图带你领略港珠澳大桥》等，都是一种借用新鲜的标题写作方法。

7. 借用数字

数字可以让用户对标题的印象变得深刻，精准又巨大的数字甚至可以让标题对用户产生强烈的心灵震撼，进而吸引用户对数字的好奇心，提升标题的点击率。

比如《1个月，1个人，1部手机，赚足8万块》《日常6招润肤淡斑，轻松为80%以上女性解决肌肤问题》《10年运营经验，236条实用技巧，免费送给你》等，都是依靠醒目的数字来提升标题的吸引度。

8. 借用排比

标题借用排比可以给人一种声势浩大、先声夺人的感觉，让人一眼就对这个标题感兴趣。

比如财经内参上发布的《站着的霍金，18岁的希拉里……这是朋友圈里最珍贵的照片》，一经发布被多家媒体转载，一天时间内就累积了几十万的阅读量。

9. 借用对比

对比就是把矛盾、对立的人、事、物安排在同一个标题中，让标题具有明显的反差，进而对用户产生吸引力。

比如《33年后，这个纵情酒色的男人，仍然被万人迷恋》《用手机拍的作品，不小心拿了全球摄影冠军》等。

严谨、活泼、幽默、毒舌、科学、悬疑……无论是哪种标题设置，作为新媒体工作人员都要自信地、大胆地去尝试。只有尝试了，才能知道什么样的平台适合什么样的标题、什么样的用户喜欢什么样的标题,我们发布的标题有没有达成目标,用户看到标题的反馈是什么等。只有如此,才有数据供我们分析,为我们做出更多爆款标题提供养料和动力。

所以在自己没有灵感或者刚刚开始学习新媒体运营与营销时,不妨套用以上标题设置公式,尝试多种标题风格,为写出爆款标题铺路。

5.4 巧用图片,颜值高的标题更吸引人

有时候决定用户是否点击你的文章或者短视频观看的,除了标题还有图片的影响。比如在微信公众号上,每篇文章的标题都可以配一张图片,如果图片配得好,对于标题来说是"画龙点睛",也是"锦上添花"。因为图片具有视觉吸引力,所以对于用户来说魅力远超文字,可以提高用户的点击率。

一般来说,我们应该如何给标题配图呢?

■ 5.4.1 单图文与多图文封面

1. 单图文封面

单图文封面就是我们在看公众号文章时的那张横图,俗称"头图",官方尺寸是宽900像素、高500像素。因为不同的手机展示图片有略微差异,所以单图文封面作为标题的延展,要与标题精心搭配。首先,图片要清晰,且符合标题的主旨、特色;其次,标题文字要集中在图片中间位置,以免因为图片展示差异而看不全。

2. 多图文封面

多图文封面包括头图和二图、三图甚至多图，头图上面已经介绍过。二图、三图甚至多图是指封面小图，官方尺寸是宽200像素、高200像素。在给多图文标题配图时，需要避免文字和重要信息被标题遮挡。在一个公众号当中，多张小图风格保持一致，看起来整齐划一，对建立公众号风格是非常有益的。

5.4.2 多样的标题配图风格

在标题配图中，比较常见、受欢迎的配图风格有以下几种。

1. 热点名人

在做新媒体运营与营销时，不只标题可以借用热点、名人，图片也可以。只要标题中或者内容中有关键词可以跟热点、名人联系在一起，就可以使用热点、名人的图片来增加标题的点击率。

2. 文艺插画

现代人生活在钢筋水泥的城市，接触的往往是现代、快节奏、冷硬的风格，压力大，感情也常常被压抑，所以文艺插画在做新媒体运营与营销时非常受欢迎，很多情感类、生活类的公众号都以文艺插画为主要配图方向。这是由文艺插画多以清新、抒情为主，充满生活气息和人性化的特点，容易引发人们感情共鸣，可以给人以美的享受所决定的。

3. IP漫画

现在，很多公众号，比如同道大叔、铲屎官等都有自己的IP漫画形象，基调相同但是各具特色的、别有主题故事的IP漫画形象不仅可以更好地表达标题主旨，还能让公众号形成独特的风格，对IP塑造、品牌推广起到重要作用。

4. 专业图片

所谓专业图片,是指不同行业、领域内的相关图片,这些图片直观明了,甚至简单粗暴,比如与车相关的公众号配图往往是不同类型的车,与旅游相关的公众号配图往往是不同地方的风景,这样做也许创意不足,但是可以给人更专业、更可靠的感觉,对标题有补充作用。

5. 带字图片

适合标题的图片不是那么容易找到的,所以很多公众号为了省事,常常把配图做成不同背景色的图片,上面是热词或者标题关键词的大字,非常醒目,尽管缺乏美感,但是对吸引用户眼球来说已经足够了。

5.4.3 标题配图的注意事项

图片要与标题相得益彰,这样才能让标题变得颜值更高、更吸引人。除了以上介绍的内容之外,标题配图还要注意以下三点。

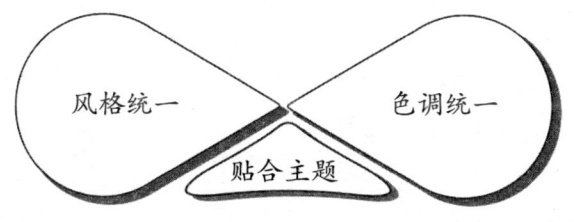

标题配图的注意事项

1. 风格统一

头图和二图、三图等虽然不是同一个标题,但是在一个公众号中呈现,所以整体风格要和谐一致,这样才能凸显公众号的品牌风格,在用户心中烙下痕迹。

2. 色调统一

很多做得比较精致的公众号,配图的色调都是统一的。比如一个叫"小北"的公众号，所有标题配图都以黑、白、红三种色调呈现，特色鲜明，让人印象深刻。如果色调太过杂乱，公众号的格调也会跟着降低，让人觉得像大杂烩一样，不够精美。

3. 贴合主题

在给标题配图时，要先了解标题的主旨、文章的内容，使图片和标题完美结合起来，这样才能准确传达标题的主旨，吸引用户。如果图不符题，容易给人造成不严谨、不用心的负面印象，不利于公众号的长期发展。

现在，单一的运营与营销方式已经很难在新媒体中立足，更精致、更有内涵的图文结合，算是给标题增加了提高点击率的砝码。所以大家一定要善用图片，为用户提供良好的阅读氛围，让标题变得更吸引人眼球，增加成为爆款的可能。

第六章
配图与排版攻略

配图与排版也是新媒体运营中不可忽视的重要环节。精妙的配图、和谐的排版往往能够起到锦上添花的作用，让新媒体文章更具吸引力和诱惑力，从而对新媒体运营及营销起到良好的促进作用。

6.1 排版的四个原则

当我们扫描一段文字时，信息会灌入我们的大脑中，同时，我们也会依靠自身已有的经验和知识找到这段文字中的有用信息，把这些信息代入相应的语境来思考。如果我们不需要传递和记录信息，那么字体和排版也就没有出现的必要。而且，每段文字都有自己的展现方式来表达其意图，那么排版的重要性也就不言而喻。

如果我们想要引起用户的注意，让他们有良好的阅读体验，就必须注重图文的排版设计。

亲密性、对齐、重复、对比，是设计的基本原则，适用于所有的设计领域，事实上这四个原则在新媒体运营方面也同样适用，尤其是在图文排版环节。如果我们能够理解这些原则，将会有效增加文章的可读性和设计感，达到更好的运营效果。接下来我们将具体分析如何在新媒体排版中运用这些原则。

■ 6.1.1 亲密性

在写文章之前，我们通常会写一个大纲，这样可以有效理顺逻辑关系，然后根据这个大纲填充文字，最后形成一篇条理清晰的文章。因此，我们在进行排版之前，也应该理顺视觉逻辑，通过运用相关原则展现视觉逻辑，方便读者阅读的同时，增加读者对文章的记忆。

什么是亲密性呢？它的意思是关系越近的内容，在视觉上应该靠得越近；关系越远的内容，在视觉上应该离得越远，这也是实现视觉逻辑化的第一步。

例如，标题和正文是两个独立的板块，且正文之间的亲密度高于正文与标题之间的亲密度，那么标题与正文之间就应该有明显的区分。怎样实现区分呢？常见的方法是用空行、图片或者引导关注的形式隔开。

标题与正文之间有明显的区分

常见的文本排版中用来区分正文各段落的方法是首行缩进两个字符，不过这种排版方式并不适合新媒体运营的内容，因为段间距和行间距没有差异，会导致各个段落之间没有明显的区分，用户在阅读的时候只能看见大片文字，这在很大程度上会影响阅读体验。因此，我们可以在段与段之间空一行，突出各部分内容的亲密性。

除此之外，如果正文中间还有小标题，那么标题与上文和下文之间的距离应该有所差别，因为标题与上文是没有太大联系的，所以标题应该与下一段靠得更近。

标题和下一段是一个整体

图片的注释也应该与图片靠得更近。

注释与图片的距离更近

第六章 配图与排版攻略

在很多社交平台运营内容的排版中，我们应该注意结尾部分内容的区分，很多作者会在结尾展示太多的信息，比如点赞数量、留言互动、转发引导等，内容过多会导致读者难以区分各板块的内容，加重读者的阅读负担。

那么应该怎么做呢？如果我们遇到了这种情况，首先应该考虑，是否能删掉多余的内容，然后对剩下的内容进行分区（图中使用的是虚线），这样就会让界面简洁很多，更符合视觉逻辑。

对结尾内容进行分区

■ 6.1.2 对齐

对齐主要包括左对齐、居中对齐以及右对齐。在日常排版中，我们常用的方式是左对齐和居中对齐。

从读者的角度来说，居中对齐的文字可以让人把视线完全集中在屏幕的中间，阅读时不需要大幅度地左右移动，这样阅读起来是最轻松的。不过，这种方式不太适合内容较多、长句较多的内容，居中对齐更适合短句。

除了常见的三种对齐方式外，还有一种对齐方式：两端对齐。

两端对齐的优势在于两段的文字边缘很整齐，视觉效果也就更好，在新媒体排版中经常使用这种对齐方式。

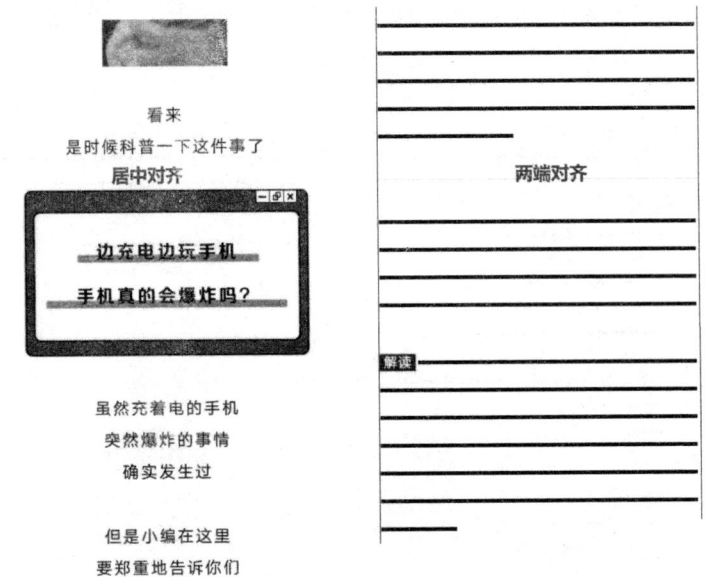

居中对齐和两端对齐

我们在使用这些对齐方式时，应该严格遵循在同一篇内容中使用一种对齐方式的原则。如果同一内容中出现了两种或者多种对齐方式，就会让内容显得杂乱无章，不能突出重点，也就不能给读者呈现良好的视觉效果。

■ 6.1.3 重复

这里的重复既包括字体、字号的重复，也包括颜色和风格的重复。在排版中，重复是保持内容整齐的准则。因此，我们在排版中要尽量统一字体、字号、颜色等元素，然后在这个基础之上，找到需要强调的部分内容，通过对比的方式让整个内容逻辑清晰，重点突出。

■ 6.1.4 对比

当在排版中运用亲密性、对齐和重复原则之后，我们会发现，虽然整个内容条理清晰，但在阅读时不免太过单调。这时，我们就应该了解最后一个原则——对比。

对比的作用是突出重点，增加内容的可读性。比如找到需要强调的部分，可以通过字体加粗、字号加大、改变字体颜色、加下划线、字体倾斜、加符号等一系列操作，让读者一眼就能看到我们想要强调的内容。

对比的另一个作用在于给单调的内容增添设计感，增加视觉效果，来吸引读者的注意力。

无印良品的设计师就很擅长利用对比，让简单的画面充满设计感。比如下图中利用了文字的纵向和横向对比，让海报不再单调和平淡。

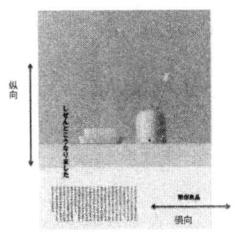

无印良品海报

不过，我们在利用对比突出想要强调的文字时一定要注意，做出的对比应该明显，否则两个元素没有太大的区别，就达不到对比应有的效果。比如我们利用不同的字号进行对比时，如果使用五号字和小四号字，差异并不明显，这样几乎不能起到强调的作用；如果我们用五号字与三号字进行对比，就能让读者一目了然。

总而言之，我们在做新媒体运营时，在排版方面除了要让内容逻辑清晰外，同时也要遵循亲密性、对比、重复、对齐这四个原则，统一所有内容的字体、字号、颜色、风格以及对齐方式，然后将内容按照条理进行区分，把需要强调的部分做对比处理，这样才能给用户一个良好的视觉体验。

6.2 如何搭配色彩

很多新媒体运营者在创作内容时往往会忽略色彩搭配的重要性，然而色彩在内容中发挥着重要的作用，尤其是在标题、正文、插图以及海报等方面。而且，色彩往往会抢先一步被读者感知，在读者脑海中形成对品牌的第一印象。

因此，我们在新媒体运营中一定要重视色彩搭配，给读者一个良好的阅读体验。那么我们应该如何选择色彩并且合理搭配呢？在本节的内容中，我们将为大家详细介绍。

■ 6.2.1 选择主色调

选择合适的主色调是色彩搭配的基础。

在新媒体运营中，色彩的重要性体现在通过各种合理的搭配来展现品牌理念和产品特征,因此,市面上绝大多数成功的品牌都拥有自己的主色调。很多时候,一提到某个品牌,人们就能想到它的主色调,例如,星巴克是绿色的、红牛是红色的、麦当劳是黄色的。

如果你不知道如何选择品牌的主色调,这里给出了两个步骤。

1. 弄清可以选择哪些颜色

我们可能在美术课接触过红、黄、蓝三原色,称为三原色的原因是这三种颜色的混合可以组成其他任意颜色,因此它们是最原始的颜色,简称为"原色(Primary Colors)"。

三原色两两叠加可以得到三种新颜色:橙、紫、绿,称之为二次色(Secondary Colors),比如蓝色和黄色叠加可以得到绿色,绿色就属于二次色。如果我们继续叠加相邻的两种颜色,就可以得到六种颜色,这六种颜色称为三级色(Tertiary Colors)。由此形成了一个十二色色环。

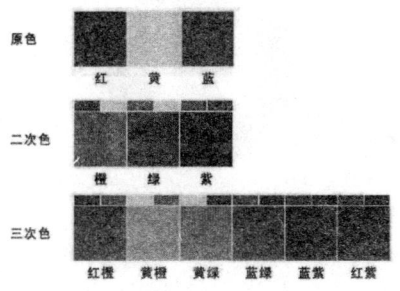

原色及其叠加色

根据这种规则,我们就可以通过不断叠加来获得更多的颜色。在微软编辑界面的颜色面板提供了两百多种色调,我们可以调节色调栏的数字进行选择,也可以直接在矩形颜色框中移动光标选择合适的颜色。

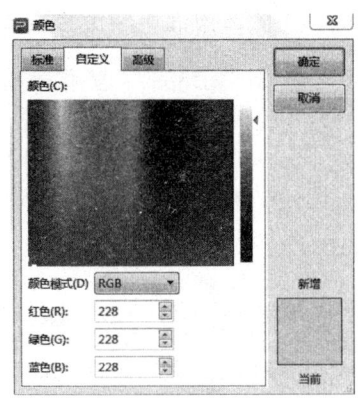

颜色面板

2. 弄清不同色彩的含义

在了解了大概有多少种颜色后，还应该明白不同的色彩有什么样的含义。在12色色环中，红色到黄色的部分属于暖色，其余的部分为冷色。

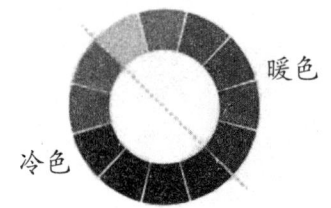

冷色和暖色

暖色系在自然界中比较常见的是血液、阳光、火焰等，给人以温暖和活力，由此能联想到的关键词包括女性化、热情、喧闹、感性等。因此，情感类新媒体主色调大多数都以红色和黄色为主，时尚类新媒体和美妆类新媒体则非常喜欢红色。

自然界中常见的冷色系包括海洋、植物、黑夜、天空等，这些颜色会让人感到平静和清新，与之对应的关键词有男性化、理性、安静、内敛等。冷色系常用于金融理财类新媒体。

债市观察
债券市场前沿观察者
285篇原创文章

正解局
正说商业，解码财富
319篇原创文章

冷色系新媒体举例

　　除了冷暖的差异，不同的国家和文化也赋予了颜色不同的含义。例如中国人喜欢红色而不喜欢白色，因为红色象征着喜庆，白色代表着不吉利；日本人则青睐茶色这样的淡雅色调；巴西人不喜欢茶色，因为他们认为茶色象征着死亡。

　　因此，新媒体运营者在选择品牌的主色调时，一定要弄清楚各种颜色的含义，同时参考目标受众的喜好。然而，仅仅是选定了主色调并不能确定品牌的风格，而品牌的风格是读者区分各种品牌的重要因素，那么我们应该如何确定风格呢？大家不妨继续往下看。

■ 6.2.2 确定风格

　　对于同一色调来说，我们可以增加黑色和白色来改变亮度，或者增加灰色来改变饱和度，这样就能让同一种颜色形成完全不同的风格。添加的白色会让人感觉朴实、清新和天真，而黑色会带给人一种成熟、稳重的感觉。

1. 纯色：亮丽风格

什么是纯色？就是没有掺杂黑色或者白色的色调，也就是Office文字颜色中的标准色，是所有颜色中最鲜艳和最引人注意的颜色。

在儿童产品中经常可以见到高饱和度的纯色，因为儿童对颜色的认知是有限的，这种高饱和度的色彩能够便于儿童识别。老年人产品也经常使用纯色，因为在这些老年人年轻时比较流行纯色，而且他们已经很难改变固有认知。

不过，大面积使用纯色会让人觉得俗气。

为什么呢？因为物以稀为贵，颜色也是如此。以前人们只能从自然界中提取染料，饱和度高的颜色很难提取，因此只有皇室贵族才能穿颜色鲜艳的衣服，而人工染料出现后，制作高饱和度颜色的成本和难度大大降低，这些鲜艳的颜色开始广泛流行，使用的频率越来越多，也就变得俗气了。

很多品牌为了引起注意，大量使用高饱和度的颜色作为品牌主色，这样很容易显得俗气。因此，现在一些品牌会特意在品牌主色中加入灰色或者黑色，降低品牌色彩的饱和度，来营造品牌的高级感。

2. 白色：清新风格

在上文中我们提到，在纯色中加入白色会让品牌的整体风格显得清新、有质感，因此大部分文艺类、时尚类自媒体都会在主色中加入白色。例如：

自媒体宇说新语

3. 灰色:古朴风格

纯色中加入灰色会让整体风格显得古朴,有复古需求的自媒体可以尝试这种风格。

局部气候调查组

无印良品的"冷淡风"也是类似的风格。

无印良品

4. 黑色:深沉风格

黑色会让整体风格显得更加个性化,同时黑色也是深沉风格的代表色。有的新媒体主打深度内容，例如以暗色系为主的深度心理学公众号Know Youself。

Know Youself

■ 6.2.3 利用配色增强视觉效果

在确定了主色调和风格之后，我们就应该考虑如何配色的问题了。而配色是一项非常复杂的工作，不仅要考虑色彩整体的搭配效果，也要注意这种搭配是否与运营内容相匹配。那么我们应该如何配色呢？

对于新媒体运营新人来说，最保险的方法就是用单一颜色搭配灰、白、黑，虽然这种方法略显单调，但是不容易出错。

如果新媒体运营者已经掌握了单一配色的技巧，那么就可以尝试多种配色的方法。合理的色彩搭配能够在很大程度上增强视觉效果，比较常用的多种配色方法有矩形搭配、三角形搭配、互补搭配等。我们也可以使用专业的配色工具来找到更多的配色方案，比如Color Scheme Designer等。

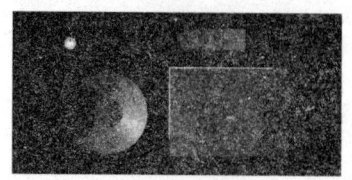

Color Scheme Designer

第六章 配图与排版攻略

配色，是为了呈现一个更好的视觉效果，给用户更好的阅读体验。当我们找到主色调、确定风格以及选择了合适的搭配色之后，接下来就应该思考，如何在新媒体运营中利用色彩正确地引导用户阅读，将色彩搭配的作用最大化。

■ 6.2.4 通过色彩引导阅读

除了以上强调的主色调选择、确定风格和利用配色增强视觉效果外，在搭配色彩的过程中，还有很关键的一点，就是要学会通过色彩去引导阅读。以下分享几点经验。

1．保证文本清晰易读

在正文部分，颜色搭配应该保证文本清晰易读，然后在保证清晰度的前提下，采用饱和度低的颜色，因为饱和度低的颜色对眼睛的刺激较小。比如我们在阅读的时候会发现浅色背景比纯色背景看起来更舒服，更适合长时间阅读。

除此之外，不要把多种颜色放在一起，这样会显得混乱，最安全的做法是颜色不要超过三种，这样可以有效避开色彩搭配的"雷区"。

2．利用强调色突出重点

我们可以在大面积文字颜色统一的前提下，用对比色突出需要强调的内容。比如利用色相对比。

色相对比

那么具体选择什么样的颜色进行对比呢？我们可以利用配色互补的原则，选择色环中对立的颜色配对，这样色相对比的效果是最强的。

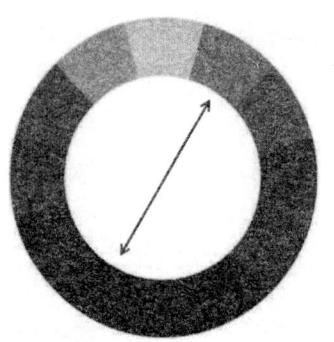

色环中的对立色

总之，新媒体运营者应该合理地利用色彩，根据品牌或者理念的特性来确定主色调，适当添加黑色、白色和灰色来找到最适合自己的风格，然后根据颜色搭配的原则或者依据专业的配色工具进行色彩搭配，让输出的内容重点突出，具有可读性。

6.3 图文和谐很关键

在各种社交平台的信息流中，带有图片的内容往往更容易吸引用户的注意力，图文排版几乎是每个新媒体运营者都要掌握的技能。而很多人认为图文排版是信手拈来的事，却往往忽略了图片与文字是否和谐的问题，这样创作的内容毫无章法，很难吸引用户。

因此，新媒体运营内容中的图片与文字的排版一定要有协调性，在这里我们总结了一些图文排版的技巧，希望能对新媒体运营者有所帮助。

6.3.1 保证文字的可读性

在运营内容中，用户往往是通过文字来获取信息的，因此，我们在图文排版中首先应该保证文字的可读性。而在影响文字可读性的众多因素中，阅读排版是最重要的一个。流畅的阅读排版可以让人一眼看出文本中的关键信息，整齐统一的格式也会让人赏心悦目。因此，在排版中我们应该格外注意文本的长度、行距、段间距、对齐方式等问题。

那么，我们具体应该怎么做来增加文字的可读性呢？以下技巧可供参考。

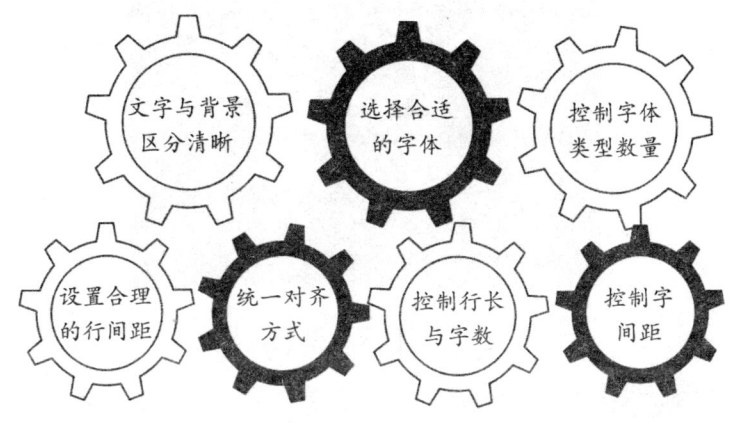

增加文字可读性的七种技巧

1. 文字与背景区分清晰

"白纸黑字"从一定程度上说明了文字与背景的关系，浅色背景采用深色文字，在深色的背景上采用亮色的文字，这样才能突出文本内容。如果字体过细、文字透明度过高、背景与文字的对比不够明显，很容易影响用户的阅读体验，因此一定要让文字与背景有明显的区分。

2. 选择合适的字体

新媒体运营者在选择字体时，一定要选择与运营内容整体相搭配的字体。如果字体与内容不协调，不仅会改变内容的气质，还会影响信息的传递。因此，在选择字体时，我们也应该了解字体的特点。比如粗体会显得厚重，细体则显得高冷。

下图中，简洁清晰、有棱角的字体会让整体的"科技风"感觉更强烈。

"科技风"海报

3. 控制字体类型数量

新媒体运营者在选择合适的字体之后，也应该注意选择的字体类型不能过多，同一页面的字体一般不要超过三种，否则会导致页面风格不协调。字体类型过多也会造成视觉干扰，影响用户的阅读。

4. 设置合理的行间距

行间距是每行文字之间的距离，通常行间距会随着字体的大小变化，默认的行间距往往不能满足新媒体运营内容的需求。因此，在正文中我们可以把行距设置成1.6~1.8倍，如果版面比较紧张，也可以设置成1.2~1.5倍。

5. 统一对齐方式

对齐会让文字井然有序,让用户阅读起来更流畅。如果文字的对齐方式不统一,会让页面变得混乱。因此,新媒体运营者在排版时,应该让文本保持统一的对齐方式,正文采用两段对齐的方式一般会有更好的效果。

6. 控制行长与字数

我们在日常阅读时就能发现,如果单行文字过多,会导致阅读时难以换行,加重用户的阅读负担,也容易让读者感到疲劳。因此,新媒体运营者在排版时要合理控制行长与单行字数,这样可以让用户阅读时能够在行间轻松地跳转,增加文字的可读性。

7. 控制字间距

很多新媒体运营新人在排版时,往往会压缩字间距来缩小文字占用的空间,但是字间距过小会导致文字过于拥挤,影响阅读。因此,我们在排版时如果篇幅受限,可以适当地缩小字体或者减少文字数量,而不是过多地压缩字间距。

保证文本的可读性是图文排版的基本要求,当我们运用这些技巧让文本具有可读性之后,还要注意不要让图文的不和谐成为用户阅读道路上的绊脚石。那么我们应该怎么做才能让图片和文字更加和谐,来帮助用户理解我们的内容呢?阅读下文,大家或许会找到答案。

■ 6.3.2 如何让图片与文字相得益彰

在排版中,图文关系的处理是很容易出现问题的一个方面。很多新媒体运营者不知道如何正确处理图片与文字的关系,容易导致糟糕的视觉效果。因此,我们在图文排版时,应该注意以下几个方面的内容。

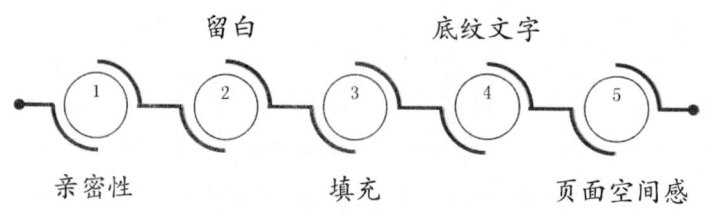

图文排版时应注意的内容

1. 亲密性

我们在前文中已经提到了亲密性原则,即关系越近的内容在视觉上应该靠得越近,关系越远的内容在视觉上应该离得越远。在图文排版中,如果各个标题与正文以及图片的关系混乱,就会严重影响用户的阅读体验。比如,标题和正文之间应该有明显的间隔,文字和与之相关的图片的距离要近,这样画面中各元素的关系就能一目了然。

2. 留白

新媒体运营者创作内容时最重要的就是制造视觉焦点,吸引用户注意力,而留白能够让用户一眼就找到关键信息,引发用户思考。

我们在留白时应该注意图片和文字之间的连续性,可以通过对齐以及横向与纵向的对比等方式,让内容不仅重点突出,还给整体画面增添了设计感。

3. 填充

一开始,新媒体运营者在创作内容时可能会感觉画面过于空旷、过于单调,常用的方式是通过增添漂浮物、点、线等图形来填充空白。

需要注意的是,在添加这些元素时,我们应该尽量控制图形的数量,过多的图形会喧宾夺主,而且所选用的图形一定要与内容相关联或者风格相符,否则会产生违和感,影响版面的平衡。

4. 底纹文字

在页面显得单调时，我们也会添加一些底纹文字来丰富画面，这样既增添了元素，又不会破坏整体的简洁性。不过，当我们在背景上添加英文单词或者文字时要注意的是，这些底纹文字不适合采用较深的颜色，因为深色会影响文本的辨识度，导致用户难以找到关键信息。在使用底纹文字时，要尽量让其与背景有较高的融合度。

5. 页面空间感

营造空间感的目的在于突出重点，吸引用户的注意力。而在平面上营造空间感，一般是通过近大远小、景深模糊和增加动态元素的方式实现的。

除此之外，能够让图片和文字更加和谐的方式还有很多。看似简单的图文排版事实上蕴藏着很多技巧，新媒体运营者在排版时要处理好每一个细节，让图片与文字在版面中更加和谐，这样才能得到用户的青睐。

6.4 长文如何排版

从新媒体运营来说，长内容能够给用户带来沉浸式的阅读体验，长文中的好故事能够给用户带来超越视觉美感的愉悦感。因此，长内容，或者说长文，是新媒体运营内容中的重要组成部分。

随之而来的问题是，如何让用户保持兴趣一直阅读下去呢？新媒体运营者必须提供令人愉悦的排版设计，让整体内容带给用户的体验一致，因此，必须有针对性地设计长文的排版。关于这一点，我们总结了一些经验，希望能帮助到大家。

6.4.1 加入故事

优质的长文往往是从一个故事开始的，如果我们需要在运营内容中讲述一个故事，那么长文通常是最好的选择。故事并不局限于纯文字的内容，我们也可以利用图片和其他元素来讲述这个故事，这样或许能给用户更好的阅读体验。

不过，由于长文本身的特点，我们在注重页面设计的同时，也应该注意故事与内容的关系，如果一个故事结束了，那么接下来的内容就可以用另外一种页面来展现，这样可以更好地引导用户阅读。

6.4.2 强化文本阅读体验

新媒体运营者在对长文进行排版时，大可不必为每一张图片都配上动画效果，因为内容的核心是文本，因此排版时我们要保证文本能够带给用户流畅的阅读感受，让他们能够继续阅读下去。

比如，我们可以用子标题把文本分成有层次的章节，对标题与正文设置不一样的字体，用粗体、颜色、斜体、下划线等突出需要强调的段落或者句子，通过这些方式可以让文本的层次更加清晰，强化用户的阅读体验。

6.4.3 适度留白

由于长文字数较多，如果内容全部都堆积在一起，会给读者带来很大的阅读压力。想要用户保持注意力和兴趣，我们可以恰当地利用空间，通过合理的留白和排版设计，让用户可以轻松地浏览长文，降低内容的视觉重量。

一般来说，我们可以在某些位置留白来实现降低视觉重量的效果。比如控制内容和屏幕之间的间距、控制行间距和段间距，也可以添加图片、视频、符号等非文本视觉因素，让长文显得更友好。

6.4.4 有策略地配图

我们在长文排版中仍然要注意如何配图的问题，好的长文在图文搭配上不仅要让图片与文字内容配对正确，还要让整体符合视觉美学，让用户阅读流畅。

1. 长文配图步骤

关于长文的配图，我们总结了以下步骤。

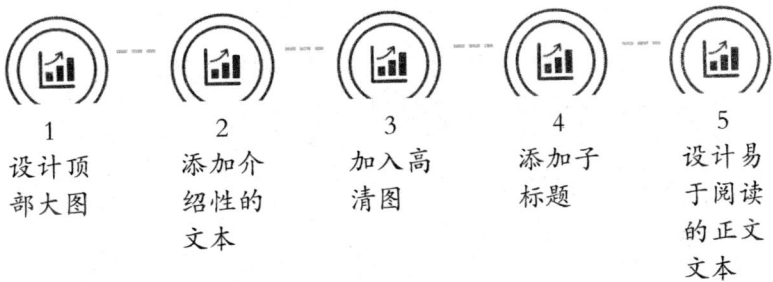

长文图文搭配步骤

新媒体运营排版中，大多数图片都应当适当缩放并且居中显示，传统的图书排版也是如此，因为这种方式能够带给用户自然流畅的阅读体验，几乎适用于所有在电子设备上呈现的长文内容。

2. 加入插画

插画是长文排版的必备要素，如果长文的内容里包含故事，插画就能发挥更大的作用。

分散在各个部分的插画能够强化内容的故事性,让用户有参与感和体验感,而且图文搭配可以让用户获取信息更容易。因此,加入插画可以有效弥补缺少视觉形象的文本的画面感,同时也能增加用户阅读的兴趣。

例如:

6. 每周至少保证3次半小时以上的运动。

中期的脂肪肝患者一方面需改善生活方式,另一方面应根据具体情况,辅以适当药物治疗。但目前针对脂肪肝并无特别有效的治疗药物。

重度脂肪肝患者几乎不可逆转,可能会进展为肝纤维化、肝硬化等严重疾病。

内容中加入插画

6.4.5 运用动效

如果页面文本过长，就需要用户滚动翻页，我们可以用一些具有引导性的动效来引导用户，比如箭头、按钮、视差特效等，这样不仅能辅助页面导航，带给用户更好的阅读体验，同时也能分隔过长的文本。而且，这些微小的动效并不会破坏长文或者故事的连贯性。

当然，我们也可以用视频动画来引导用户。大部分用户都很喜欢视频动画，因为它不仅能吸引用户的注意力，还能给用户在浏览长文时提供一个短暂的休息时间。需要注意的是，无论我们把它放在长文开头作为引子，还是放在中间作为间隔，都应该尽量保持简短，因为它很容易分散用户的注意力，破坏长文的阅读流畅性。

除此之外，我们也可以利用视差滚动来提升长文的阅读体验。对于用户来说，在浏览文本时有动画"随之舞动"是非常有趣的，而且，简单的视差滚动特效不仅可以增加内容的趣味性，还能在吸引用户兴趣的同时不会打断阅读。

新媒体运营者在排版时应该注意，这种滚动操作应该是直观的，并且能够与内容衔接起来，这样才能有利于提高长文的可读性，而不是给用户阅读造成视觉干扰。另外，设置的滚动特效要符合用户的基本预期，如果超过了这个预期，不仅会破坏整体内容的协调性，还会给用户带来糟糕的长文阅读体验。

6.4.6 呈现进度

Medium（一个轻量级内容发行的平台）的每篇文章都会在用户阅读时显示平均阅读时间，而Polygon（用于当前画刷填充多边形的绘制函数）则会在屏幕左侧展示阅读的进度，这样就能让用户清晰地判断阅读的进度，对自己阅读将要花费的时间有一个预期。

呈现进度的好处主要包括两个方面：一是让用户对阅读长文的进度有明显的感知，某个进度完成后会让用户在一定程度上产生成就感；二是将内容划分为章节并且提供相应导航的进度条，可以让用户跳过自己不感兴趣的内容，也有利于返回特定的章节，便于用户选择长文的内容，给用户带来便捷。

长文可以让运营内容拥有超越视觉美感的吸引力。从运营效果上来说，长文能够增加用户的黏度，加快品牌建设，尤其是在社交媒体上，长文能够带来更多的价值。

不过，当排版千篇一律和内容过长时，用户的确难以长时间阅读。在这个快节奏的时代，注意力本就是稀缺资源，因此新媒体运营者在对长文进行排版时，要根据具体的内容调整版式，避免文本和页面过于拥挤，同时使用适当的元素引导用户阅读，才能发挥长文在新媒体运营中的作用。

第七章
获取第一批种子粉丝

如今,我们正身处一个流量为王的时代,粉丝与关注度俨然已经成了衡量"爆款"的标准。对于新媒体运营和营销而言,粉丝尤为重要。毫不夸张地说,失去了粉丝,新媒体也就失去了存在的价值和意义。从这个角度来说,作为新媒体运营和营销者,从第一天起,就一定要争取获得第一批种子粉丝。

7.1 想要精准吸引粉丝，先了解用户心理和传播法则

在流量为王的时代，粉丝与关注度成了衡量"爆款"的标准，每个新媒体运营者都希望能吸引更多粉丝，扩大影响力。而新媒体运营者想要吸引粉丝，首先就需要了解用户的心理和传播法则，要知道，只有针对用户心理，戳中用户共鸣点，才能成功吸引第一批粉丝的关注。

7.1.1 三种典型的用户心理

在传统纸媒时代，作者和读者有一定的距离，不能全面、及时地接收到读者的反馈，作者也很难判断写作的内容是否迎合读者的口味喜好。而在当下的新媒体时代，信息内容从单向传播转变为双向传播，新媒体运营者在推送一篇文章后，很快就能从后台获得用户的留言反馈。

这也就意味着，在新媒体时代，如果还是像以前一样忽略用户需求，盲目创作，就会被时代淘汰。换言之，新媒体运营者想要吸引粉丝关注，就需要多关注用户需求，了解用户心理，创作用户希望看到的内容。

可以肯定的是，在信息爆炸时代，平淡普通的信息内容已经无法引起用户的关注，想看既快又多、表述鲜活有趣、阅读体验美丽的内容是用户普遍存在的三种典型心理。

第七章 获取第一批种子粉丝

三种典型的用户心理

1. 内容既快又多

用户都喜欢看新鲜的热点，翻来覆去地炒冷饭只能让人反感，如果能在第一时间获得最新的消息，对用户来说就有了新的谈资。另外，用户也想了解更多信息，比如一件新鲜事的来龙去脉，或者多方的观点评价等，并且，用户也更容易把信息量丰富的内容分享给他人。

2. 表述鲜活有趣

要有好看的外表，更要有有趣的灵魂，相比于枯燥古板的说教，鲜活有趣的表述更容易让用户关注。

在如今的快节奏时代，用户往往是利用碎片化时间来浏览推送，不感兴趣的就直接滑过。因此，新媒体运营者想要在短暂的时间内抓住用户眼球，让用户有兴趣浏览下去，把用户转化为粉丝，就需要用趣味性十足的语言给用户留下深刻印象，在其他平庸的推送中脱颖而出。

3. 阅读体验美丽

用户的情绪决定行为，新媒体运营者不仅要保证推送的质量，同时还要照顾用户的阅读体验，快速引导用户阅读，把握好节奏。

7.1.2 三点式传播法则

要想让推送准确戳中用户的心理,引起情感共鸣,将用户吸引为粉丝,除了要掌握用户的三种典型心理外,还需要运用以下三点传播法则:追热点、磕痛点、取优点。

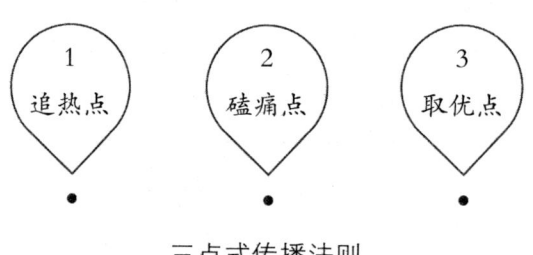

三点式传播法则

1. 追热点

热点往往能引发大量的关注,追热点就是通过浏览社交媒体的热点来寻找和确定选题。但是每段时期都会涌现大量的热点话题,怎样从中筛选合适的加以运用呢?可以利用这一方式:热点关键字+内容定位+用户痛点。

此外,追热点时一定要注意与热点话题自身的内容定位相一致,而不是随便什么热点都拿来用,追不合适的热点只会显得蹩脚可笑。打个比方,在全民关注的"双十一"来临之际,作为一个新媒体运营者,在广大的"买买买""剁手""优惠券""红包""购物车"等话题中,就可以结合自身定位和面向的用户的痛点再进行筛选。如果是面向高校的新媒体运营者,可以选择《"双十一"大学生必剁手的神器》《如何一分钟清空购物车》等推文;如果是面向"购物党"的,可以选择诸如《必看!优惠券如何叠加最划算?》这一类型的选题。

2. 磕痛点

所谓痛点，就是用户平时非常关注的东西，比如"变瘦""暴富""新鲜事""美食"等就是一般用户的痛点，"阅读量""爆款""选题"就是新媒体运营者的痛点。

想要吸引用户的关注，就需要新媒体运营者明确目标群众的细分群体，梳理出他们的痛点并把痛点变成自己的选题。这是因为，细分群体更容易贴近受众群体，而把用户的痛点都梳理出来，就等于拥有了一个源源不断的选题库。

3. 取优点

每个新媒体运营者都知道需要迎合新鲜的热点，但现实中往往并不是随时都会有灵感诞生的。为了不落入俗套，不写翻来覆去的冷饭，新媒体运营者在寻找选题的时候可以借鉴他人的选题，取其精华弃其糟粕，很多时候，他人的选题也可以成为自己选题灵感的来源，再经过艺术加工，可以诞生新角度的推送。

以上为大家介绍了三种典型的用户心理和三点式的传播法则，相信只要掌握了这些技巧，那么，在运营新媒体的过程中，我们就可以创造出更符合用户需求的内容，从而更精准地吸引粉丝。

7.2 搞定这两点，精准定位"种子用户"

在了解了用户心理和传播法则后，想要打开市场，成功吸引粉丝，可以先寻找"种子用户"。"种子用户"寻找得越准确，维护得越到位，就可以越快速地铺开市场，从吸引第一批粉丝开始，覆盖到更多的目标群体。如何寻找"种子用户"呢？其实很简单，搞定以下两点，就可以精准定位"种子用户"。

7.2.1 从熟人入手

从熟人入手是常见并且非常有效的方式。在生活中，基于对熟悉的人的信任，很多人会更容易相信和接受熟人的推荐。

但是很多新媒体运营者也会陷入一个误区，在推荐给熟人的时候，只是想转化这一个粉丝就够了，但是每个人的朋友圈是有限的，如果只聚焦在这小部分人身上，认为只要获得他们就是获得了粉丝，就很容易被困在这一个小范围内坐井观天，认为已经有了很大的受众面，其实是没有什么效果的。

新媒体运营者选择熟人进行推广，不仅仅是为了收获这一个粉丝，更重要的是通过熟人去影响和宣传给更多的人，由此扩大宣传面，转化更多陌生用户成为粉丝。根据"250"定律，如果每一个看到文案的熟人都能进一步宣传，你的目标用户群会成几何倍数增长。

由此可见，新媒体运营者在组织文案的时候，出发点不是刺激成交转化，而是刺激用户的转发分享，获得更多粉丝才有更高的成交转化率。举个例子，之前有一个App想要面市推广，首先借助微信朋友圈宣传，只要在其官网上面注册成功，下载了App的用户就可以领到现金红包。然后注册成功的用户则会产生一个专属的二维码推广链接，分享到朋友圈后只要有人通过自己的分享成功注册了，自己还能得到返现。一套流程下来，吸引了越来越多的粉丝关注。

7.2.2 在各类平台寻找目标用户

除了依靠熟人关系扩大朋友圈范围,新媒体运营者还可以主动出击,在各类社交平台上寻找第一批"种子用户"。

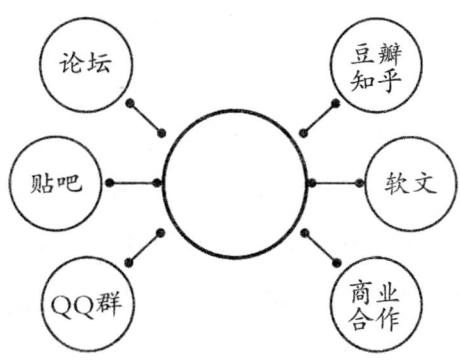

寻找粉丝的平台

1. 论坛

根据目标用户的特性,新媒体运营者可以去找一些与自己内容关联性较大的论坛,或者论坛的某个具有关联性的板块,可以借助搜索引擎,配合高级搜索指令的使用,这样能比较快速地定位到相关性高的论坛。

在找到论坛后,可以先活跃账号,经常发帖,和论坛的其他人搞好关系,让更多的人熟悉自己,这样在后期就能顺利地推出自己的内容。

2. 贴吧

贴吧是人群基数和活跃度都比较高的平台,如果运用得当,可以取得很好的吸粉效果。但是一定要找到关联性高的贴吧,也可以自己建立贴吧,或者在其他贴吧里面进行推广。

3. QQ群

善用QQ群的搜索功能可以有效地寻找目标用户，通过内容和目标人群的关键词快速定位目标QQ群，然后再申请加入。加群以后要保持活跃度，经常发言，让群成员认识并熟悉自己，就可以为扩大用户受众打下基础。

4. 豆瓣、知乎

这一类SNS社区平台有很显著的特点：用户活跃度相当高、用户群的覆盖面很广，所以能很轻松地定位目标用户群。豆瓣上面有很多的小组，可以筛选加入一些关联性强的小组，和其他组员进行讨论，也可以发一些知识性的文章，塑造个人角色，保持一定的曝光度。

和豆瓣一样，知乎也属于知识性较强的平台。在这类平台寻找目标用户的好处就是更容易吸引专业人才的关注，可以经常发表问题或者参与回答，引起目标用户的关注。

5. 软文

根据推送内容和目标用户范围撰写软文，然后付费投放到关联性高的平台，积累第一批"种子用户"。因为这种方式属于用户自发行为，具有很高的用户黏性。

6. 商业合作

寻找合作推广，比如公众号推荐、硬广等，定位好自己的目标用户群，找资源合适的平台。比如目标人群喜欢美食，就找一些美食博主类的自媒体大号，在图文消息中进行推荐。

以上是为大家介绍的一些寻找"种子用户"的方法和技巧，希望大家能够学以致用。

7.3 学会五大诀窍,成功吸引第一批粉丝

在了解了用户心理和传播法则后,新媒体运营者如何通过实践来吸引并留住粉丝呢?学会下面这五大诀窍,就能轻松吸引第一批粉丝。

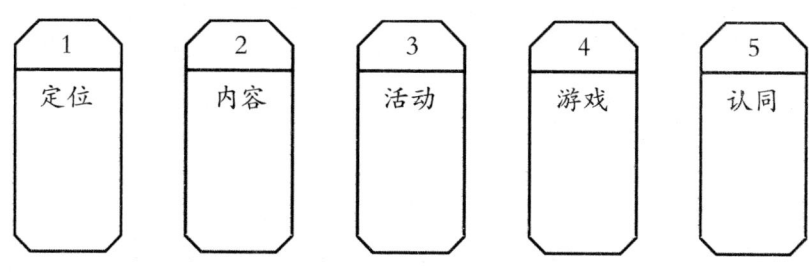

吸引粉丝的五大诀窍

■ 7.3.1 定位:找准目标用户群体

俗话说"万事开头难",新媒体运营者在粉丝原始积累时期是最困难的。很多时候,为了快速获得粉丝,一些新媒体运营者会采用求量不求质的方法,比如疯狂地买粉或者大量地互粉,营造一种粉丝多、热度大的假象。这种表面虚荣的吸粉方式是不可取的,对自身发展也毫无益处。新媒体运营者在进行吸粉活动时,不能只看表面人数聚集垃圾粉丝,要想达到良性吸粉获得热度的效果,一定要对粉丝进行定位,找准目标用户群体才是关键。

和传统营销一样,新媒体运营者一定要有针对性,要根据不同的目标消费群体制定相应的内容。

举例来说,拼多多近年来异军突起,大有和淘宝分庭抗礼的趋势,就是因为拼多多明确定位了目标群众,面向三、四线的县城和农村市场,适合经济收入相对较低、消费水平较低的人群,也正是这些人成就

了拼多多的成功崛起。

再比如苏宁和唯品会两者虽然都是网购平台，但是苏宁主要提供电器和电子产品，适合家庭成员、上班族等；而唯品会则是主打美妆产品，目标用户基本是年轻女性。

找准目标用户群体，推送的内容对用户而言有针对性，自然就能产生信任和依赖，就能保证吸引的粉丝都是稳定有用的活粉。

▶ 7.3.2 内容：构建精致内容

在定位了目标用户群体之后，下一步就是吸引这批目标用户，让目标用户群体成功转化为第一批真实的粉丝。新媒体运营者一定要重视真实粉丝的积累，因为只有积累了大量的真实粉丝，推送才能产生相应的价值。要吸引目标用户的关注，就需要新媒体运营者精心组织语言和准备推送内容，注意内容的逻辑结构。内容构建的最终目的是引起目标用户的兴趣。

▶ 7.3.3 活动：快速吸引真实粉丝

通过开展活动也可以快速吸引粉丝的关注。现在的很多商家都会选择在各类平台上开展活动，吸引了很多用户的参与。

在开展活动之前，需要新媒体运营者对活动的目标群体进行充分的了解和规划，根据目标群体的兴趣和需求来策划开展活动。因为活动的开展是符合受众需求的，所以会快速吸引大量的真实粉丝。

当然，新媒体运营者在策划活动时，也需要考虑适度的问题，活动的难易程度、开展的时间频率等都需要考虑，如果活动导致用户产生厌烦的情绪，这个活动就是没有意义的。

■ 7.3.4 游戏：在愉悦的氛围中获得粉丝

曾有很多微信小游戏风靡一时，什么"跳一跳""弹一弹""你画我猜"等，拥有众多的粉丝受众。

当大部分用户还沉浸于这些游戏带来的欢乐时，很多嗅觉敏锐的人已经将目光转向了这些看起来没有营销和宣传价值的游戏。相比于直白的宣传，创意的广告反而能激起别人的兴趣。为了获得粉丝的关注，增加粉丝的活跃度，新媒体运营者选择了参与游戏来吸引用户，让用户在愉悦的氛围中不自觉地转化为粉丝。

■ 7.3.5 认同：获取粉丝信任

信任是新媒体运营者维持与粉丝关系的基石，粉丝成了你的好友，说明他一定程度上是信任你的，如何让他进一步地维持和发展信任呢？

首先我们需要了解，产生信任的基础是其能够从你这里得到价值，我们称为"利他"因素。

当然只有价值还不够，整个社会当中充满了各种价值，但并不是所有的价值用户都能接受，构建信任还需要认同，认同是产生信任最基础的东西。

因为认同产生的信任才是良性的，才能引导用户按照你的期望产生行动，成为长期真实的粉丝。

7.4 用对方法，线下活动也能引流

线下活动运营指的是围绕某一目标而系统地开展一项或一系列活

动,在新媒体运营工作中,之所以要重视线下活动运营,是因为线下活动运营具有快速提升运营效果的作用。我们都知道,微博发布、微信公众号发文、产品数据分析等日常工作,可以使企业新媒体稳定运行;而阶段性开展新媒体线下活动,可以使运营效果在某个时期内快速提升。

那么,线下活动运营到底怎么做才能最大限度地吸引用户呢?在本节的内容中,我们就一起来从活动背景、活动目的、活动方案、活动礼品、活动海报和活动文案六个不同角度来了解一下线下活动究竟应该怎么做。

7.4.1 活动背景

活动背景是新媒体运营者策划的活动是否能引爆用户参与,快速吸引粉丝的重点。影响活动背景的主要因素有:产品数据、市场热点、竞品动态、目标人群这四大方面。

1. 产品数据

产品的数据变化在展示的时候有简洁直观的优势,以产品数据为活动背景,主要展示产品数据的变化升级,可以快速吸引用户的关注。同时需要注意的是,一旦确定了活动策划想提升的数据,也需要考虑用活动来优化配套的相应数据。

2. 市场热点

很多用户都热衷于追逐热点,热点对于用户来说有相当大的吸引力。因此,市场热点对活动策划同样有着非常显著的数据提升效果,要善于结合运用热点,让热点拉近活动与用户的距离,给予用户强烈的参与感与认同感,让用户自然转化为粉丝。

市场热点一共有两种分类，一种是固定的，比如大家都熟知的二十四节气、具有意义的日期等；另一种是随机性的，比如天气灾害、比赛结果等。一般而言，随机性的热点比较不适合拿来策划活动，很可能会弄巧成拙，最好以固定的市场热点为主。

3. 竞品动态

新媒体运营者想要让活动脱颖而出，取得不错的吸粉效果，需要通过深度的观察和分析竞争对手的活动动态来给自己的活动策划提供参考，判断出有效的活动类型，如果能够定量地给出竞争对手的活动效果数据，展示自己的数据优势，背景说明就会更有说服力。

4. 目标人群

确定活动策划面对的目标人群后，还需要梳理活动的结果，是为了满足目标用户的需求，还是想提升某一类人群在产品上的行为数据。

如果是为了满足目标用户的需求，当大部分目标用户有非常强烈的需求或者在数据上也出现了某种趋势时，新媒体运营者可以通过活动来满足这部分目标用户的需求验证。

而如果大部分目标用户在产品上的活跃度，对产品有着非常大的商业价值，对核心数据有推动作用，就需要新媒体运营者考虑提升某一类人群在产品上的行为数据。

7.4.2 活动目的

活动目的包括拉新、促活、留存、付费和品牌。

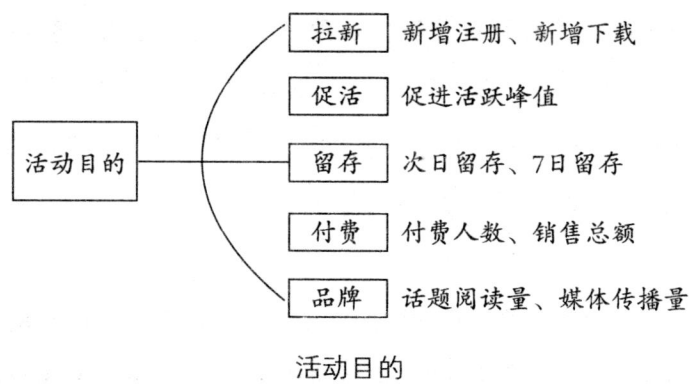

活动目的

7.4.3 活动方案

在明确了活动背景和活动目的后,接下来就要制定活动方案了。在制定活动方案的过程中,应着重解决以下问题。

1. 活动主题:洞察用户痛点,帮用户解决问题

首先需要确定活动的主题,即洞察用户的痛点。洞察用户痛点,就是抓住用户的关注点,然后帮助用户解决问题,从而激发用户的情绪,赢得用户的信任,这是新媒体运营者策划的活动是否能获得成功,收获大量粉丝关注的根本因素。

在现实中,很多成功的活动案例也正是深谙这一道理,通过洞察用户痛点,表达用户需求,引起用户的情绪共鸣。

微信红包在2014年的春节期间,抓住"春节红包"这一需求,掀起了活动营销的狂潮;网易云课堂以10G职场资料包为引子,抓住职场人士想要提升自我的焦虑心理,成功实现刷屏级的传播;ONE一个以"每天只为你准备一张图片、一篇文字和一个问答"的口号满足现代人碎片化的阅读需求,快速打开了市场。

时刻关注大众的心声,学会捕捉用户群体的心理诉求,培养敏锐的

感觉，将用户的痛点与新媒体运营结合在一起，赢得用户的信任，铺开广阔的覆盖面。

2. 活动流程：增加趣味性，让粉丝乐意参与

"有趣"是一种高级的吸引用户注意力的方法。用户之所以会参与活动，是因为想要放松身心，让心灵得到愉悦。如果活动流程设置得刻板无趣，粉丝参与活动就会不乐意、不开心不仅不能吸引粉丝达到活动拉新的目的，还会让用户产生反感，不再关注。

所以，要想给粉丝留下好印象，就需要在活动流程中增加趣味性，提升粉丝参与的积极性，让粉丝有动力去参与活动，才能达到后续的拉新转化。

3. 活动效果：明确展示粉丝得到的好处

俗话说"无利不起早"，用户之所以会关注策划的活动，是因为想在活动中获得一些对他有利的东西。如果活动主题只是站在策划者自己的角度，一味地向外输出自己的信息，用户从信息中没有看到自己想要的东西，自然不会再去给予关注。

相反，如果在活动主题策划中预设一些粉丝福利，告诉用户能从这场活动中得到什么东西，用礼物和福利来提高用户参与活动的积极性，那么用户对这场活动的参与欲望就会增强，从而大幅度地提升活动的参与率。

简而言之，不要仅告诉用户活动是什么，还要同时告诉用户，活动对他们有什么用。

7.4.4 活动礼品

活动礼品也是线下活动中不可忽视的重要方面。那么，在举行线下

活动时，应该如何去设置活动礼品呢？以下建议，值得参考。

1. 选择对用户真正有用的礼品

微博上曾有一个热门话题引发了大众的激烈讨论：外卖商家不要再送廉价饮料了。

很多时候在收到外卖的同时，商家还会在里面塞一瓶廉价的盒装饮料，好一点的是市面上见过的牌子，还有的是听都没有听说过的品牌。

站在外卖商家的角度，他们觉得附送廉价饮料这一礼物会让顾客觉得有超出预期的惊喜；但是站在顾客的角度，这种廉价饮料只是多了一个需要解决的麻烦，商家和顾客的感受出现了偏差。

同样，新媒体运营者在设置礼品的时候，不仅要站在自己的角度，也要转换到用户的角度，了解目标群体的画像，确定他们的性别分布、年龄阶段、消费水平等，在这个基础上再去设置对用户真正有用的礼品，才能让用户产生获得礼物的惊喜和满足感。

2. 巧用红包

想要在短时间内吸引粉丝的关注，可以选择红包作为礼品形式。同时也需要注意，如果只采用红包的话，一是成本比较高，二是吸引的粉丝后期不一定会被转化为真实粉丝，很多只是看前期利益。

所以可以先用一些小额的红包作为引子，搭配相关的其他礼品来吸引粉丝，这样叠加，就能取得更好的宣传效果。

3. 活动门槛要有层次和缓冲

想要用最小的金额来获得最大的活动效果，可以设置有层次的活动门槛，激发用户的参与动力，不至于因高难度的门槛望而却步。

举例来说，活动的层次可以这样设定：

新用户邀请3个人，送价值30元的优惠券；邀请10个人，送价值

100元的优惠券。

新用户邀请人数达到5位,可获得一次抽奖机会。

活动结束后,参与人数前3名获得大奖。

■ 7.4.5 活动海报

一般来说,在制作活动海报的时候,需要注意以下几方面的内容。

1. 写明好处

一定要在活动海报上最显眼的位置清晰地写上参与活动用户能获得的好处,直击用户心理,燃起用户的参与动力。清晰具体的利益展示也是用户在后续拉新的原动力,只要用户通过活动获得了利益,再宣传给其他人,就能引进更多的新粉丝。

2. 营造紧迫感

海报上要突出活动的截止时间,再给这一时间节点添油加醋,比如"24小时内删除""最后一天""错过这周再等三年"等,给用户在无形中制造出活动的紧迫感,用户在看到后就会下意识地想赶在活动结束之前行动,提升用户的行动力。

3. 权威证言

可以在海报上张贴权威人士的画像或者权威人士的证言,用户在看到权威人士之后心中很容易树立起对活动的信任感,并且会在活动过程中觉得与有荣焉,这也属于运用名人效应。

■ 7.4.6 活动文案

要想举办一场有效的线下活动,活动文案的作用也是不容忽视的。那么,活动文案究竟应该如何写呢?以下建议值得参考。

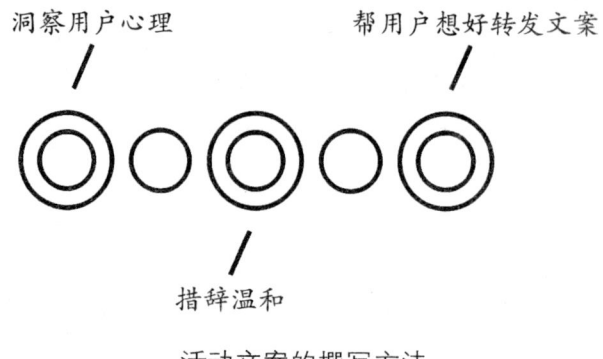

活动文案的撰写方法

1. 洞察用户心理

用户的心理是决定活动是否能取得效果的根本因素，所以文案一定要准确地洞察用户心理，让文字戳中用户心理，使用户产生共鸣的情绪。

举例来说，现在仍然会有很多人在写活动标题的时候加上诸如"免费领取礼物"这样的文字。在以前，这种表述可能还会对用户有极大的吸引力，但是随着信息的飞速发展，用户每天都能接收到大量的外界信息，在经历过各种活动以后，对这种平淡的表述已经不会再感兴趣，活动方也很难取得效果。

如果新媒体运营者转化思路，迎合用户的心理，把文案改成"目前已经有126位小伙伴领到了礼品，下一个超级锦鲤就是你"，转化后的语言表述能进一步刺激用户的心理：已经有这么多人获得了礼物，那我肯定也可以。这样，在最短的时间内就成功吸引了用户的注意力。

2. 措辞温和

目前用户拉新的渠道80%以上都来自社交网络，很多新媒体运营者会选择在朋友圈进行拉新引流，希望用户在朋友圈多加转发分享。但同时需要注意的是，对大部分用户来说，朋友圈是维系人设的一个重要渠道，基本不会有人愿意自己的朋友圈里被各种"免费""必看"之类的转发分享占领。要想解决这一问题，可以换一种说法，用温和的语言表达，可以起到更好的效果。

例如，"免费试用"可以换成"产品体验官"，"领取礼品"改成"抽中锦鲤"更有趣，免去用户的后顾之忧，用户才会安心成为粉丝。

3. 帮用户想好转发文案

作为新媒体运营者，必须善于观察，要想在用户前面。之前微博上有一个话题叫"意念回复"，就是看到新消息后在脑海中就认为自己已经回复了，然后抛之脑后。在生活中，很多人都是很懒的，不会主动地行动，比如用户看到新媒体运营者推送的活动后，其实是想转发分享的，但是下一步就卡在了分享文案上，写点什么呢？朋友圈相当于人的门面，需要妥善地打理，没有想好转发文案，这个行为就被打断搁置了。

为了避免这种在中途失败的情况，新媒体运营者不妨走在用户前面，在内容说明里面就提供给粉丝转化的文案，只需要粉丝看完后直接复制转发，节约了用户的思考时间，给用户提供了方便，整个流程一气呵成，能有效减少粉丝流失。

细节决定成败。新媒体运营者需要在前期策划中设想各种可能性，发现问题并解决问题，一场成功的活动是由每一个成功的细节决定的。

总之，想要策划引流吸粉的活动，需要让活动的每一个环节都充满吸引力。牢牢地抓住用户心理，赢得粉丝信任，才会成功吸引粉丝。

第八章
粉丝运营生态营销

新媒体是粉丝经济的又一块试验田,粉丝的多少直接关系到新媒体能不能变现、能变多少现。然而,粉丝得来不易、留住更不易,所以,是时候改变你的运营思维了。

8.1 懂你的粉丝

只要你运营新媒体，就逃不开粉丝量和点击量两大考核指标。以微信公众号为例，Quest Mobile的最新数据显示，虽然80%的微信用户都有关注公众号，但是2019年2月调研的数据显示，其中73%的用户关注公众号的数量已经下调至20个，其中24%的用户关注的公众号少于10个，近一半的用户只关注了10~20个公众号。用户每天浏览微信的时间大概是77分钟，但是只有10~30分钟在公众号上。

2018年微信经过不断改版之后，订阅号正式变为信息流，很多公众号因为这次改版而阅读量大减。首先摘要消失了，吸引用户点击只能靠标题和图片；其次，单个公众号信息只显示前两条，后面几条需要用户手动点击；最后，"取关"路径更短，对用户的黏性要求更高。

新媒体变现要么点击量高，吸引客户投广告，要么转换率高，可以导流到淘宝店铺或者微店，而这一切的前提是有足够的粉丝基数。说这么多，只为佐证一句话：新媒体粉丝运营非常重要，同时也非常棘手。

在做粉丝运营之前，你一定要摆正心态，如果你都不好意思将自己新媒体的内容转发到朋友圈，那么就算你有惊世之才，粉丝运营也一样做不好。强烈建议，当你接手一个新媒体的时候，请多准备一个手机，并注册一个新号，否则你将淹没在各种消息里。

当然，要想把新媒体做起来，除了要摆正心态外，最重要的一点便是要了解你的粉丝，做到知己知彼。从粉丝的价值来看，我们可以将其分为品牌粉、内容粉、路人粉和僵尸粉四类。

8.1.1 品牌粉

这类人群非常认同你的品牌,对他们而言,内容并不是最重要的,最重要的是和他们互动,让他们感受到你是他们的朋友,你是重视他们的。

1. 品牌粉的优点

归纳起来,这类粉丝主要具有以下优点。

(1) 黏性非常强

这类粉丝完全是靠你的"气质"吸引而来的,一般而言只要你的风格还在、互动还在,他们就不会消失。

(2) 主动转发

这类粉丝非常喜欢转发,乐意评论、点赞,只要你发布文章,他们就会留下自己的观点,而且观点很犀利。当他们看到你发布文章之后,他们会自动帮你转发。在做新媒体活动冷启动的时候,这类用户会帮你活跃气氛,在整个粉丝群体里他们扮演的也是关键意见领袖的角色。

(3) 转换率高

有些新媒体大号做起来就是为了变现,比如开个微店、做个小程序销售一些与公众号相关的商品。这类粉丝正是新媒体大号所需要的,他们的转换率非常高、成本低,最重要的是他们成交的商品单价往往比较高。

(4) 对内容的要求不高

这类粉丝包容性非常好,即使你的内容观点偏离主流思想,甚至有些偏激,他们也不会留言攻击你的观点,依然会帮你转发。

2. 品牌粉如何运营

那么，这类粉丝怎么运营呢？

我们都知道，这类粉丝是非常不容易积累的，但是一旦成为你新媒体的粉丝，他们就会一直关注下去。当然，你需要增加他们的互动感和参与感，才能让其始终维持在品牌粉的水平。具体有哪些可以调动参与感的方式呢？以下建议值得参考。

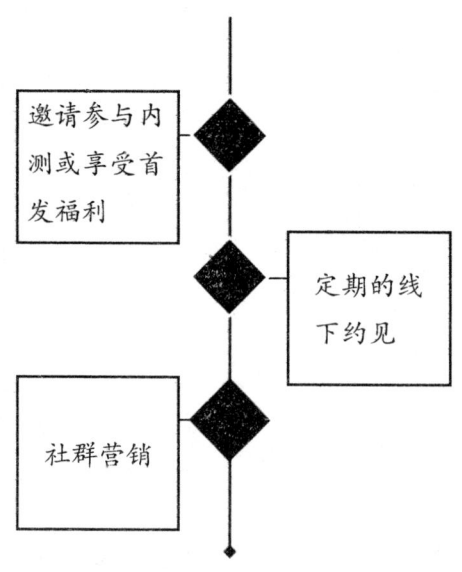

品牌粉的运营方式

（1）邀请参与内测或享受首发福利

当你想做活动或做新产品内测的时候，一定要优先邀请他们参与，毕竟大家都想做"第一个登上月球的人"，所以他们一定会非常乐意支持。此外，这类粉丝最好用一个或几十个微信群维持起来，有些新媒体大号会主动在群里发布内容的选题、提供几个标题来做内测，让这些品牌粉帮忙选择，以提高内容的质量，同时增加这类粉丝的归属感。

(2)定期的线下约见

有一个电影方面的新媒体,他们会定期在上海的一个小剧院包场,播放曾在其文章中推送过的冷门电影,这些电影一般是没公开上映的,又或者是一些很老的电影。定期的观影活动是免费的,但是位置有限,可提供矿泉水,还设有剧情讨论环节。每次活动后,他们都会在自家新媒体发布现场情况的文章,看到很多粉丝到场支持,相信你也会变成品牌粉。

很多新媒体大号为了维系品牌粉都会组织线下的分享会、沙龙会等,只要每个来现场的人觉得自己找到了知音,活动的效果基本上就算达到了。

(3)社群营销

做好新媒体,社群是非常重要的,这就涉及各种群的建立。之前说过,建议每个做新媒体运营的人多准备一个手机,因为你要管理上百个群、几千个好友,一个微信号很难搞定。如果粉丝太多,可以多设立几个管理员,因为群里如果天天都是广告刷屏,即使是品牌粉也走了。

8.1.2 内容粉

这类粉丝完全是靠你的内容吸引来的,如果你的内容在一段时期内质量下降,或者风格跨度太大,他们就会取关。这类粉丝在整个新媒体粉丝群里的占比是非常高的,同时也是各个新媒体大号争相抢夺的对象。

1. 内容粉的特点

归纳起来,内容粉主要具有以下特点。

(1)更看重内容

可以说,这类粉丝比品牌粉要理性很多,他们会关注文章的观点和内容,只有认同的内容,他们才会转发、点赞和传播,甚至购买你的产品。他们更关心的是内容对自己有没有好处,能不能学到一些新东西。因为这类粉丝占比很高,所以在运营新媒体的时候一定要更多地参考评论和转发、点击量等情况,最好能结合自己公众号的特点,输出一些干货。有一个叫"商务范"的新媒体大号,最开始她只是分享一些名人的穿搭,或者电视剧里演员的穿搭,后来销售一些马云同品牌棉袄、英国女王同品牌雨伞等。她的文章擅长总结,不仅告诉你某块名表是什么品牌、什么风格,还会告诉你搭什么类型的衣服会让你看起来非常有型,所以点击量10万以上的非常多。

(2)喜好比较单一

很多内容粉关注的点比较单一,刚好你踩中他的点,他就会关注你。他们也会关注热点,但是只关注某一个类型的热点,所以这类粉丝只要抓住喜好是非常容易获取的。

2. 内容粉如何运营

那么,这类粉丝怎么运营呢?以下提供几条实用方法。

(1)高品质的内容

对于内容粉来说,内容是最重要的。只要你对内容套路玩得溜,培养用户固定的关注和互动习惯之后,他们就会持续关注你。比如罗辑思维的罗胖(罗振宇)每天早上都会发布一个60秒的语音,很多粉丝每天上班坐地铁的路上、开车去公司的路上都会打开听一听,这么做可以有效增加对品牌的印象,留住用户。

(2) 粉丝群

这个和品牌群的运营逻辑一样,只是这类粉丝一般很难直接互动,需要通过内容来与他们联动,建群可以引导他们关注新发布的内容,同时进行转发。

(3) 锁住用户原创内容价值

新媒体大号做内容做得越久就越会感到深深的疲惫,因为所有的内容你基本上都写过,所有套路你都玩过。比如做娱乐类新媒体,最好的方法当然是跟电影、电视剧,但是你会发现,这个月新上的电视剧主演是刘昊然,下个月将上映的电影主演又是刘昊然,明年有部电影的主演还是刘昊然,除非有新东西,否则很难找到新内容。一旦内容质量下降,内容粉就会离开。

此时调动用户的灵感和喜好就非常重要了,通过群、朋友圈,你可以搜集他们最近关注的热点,也许他们关注的不是刘昊然而是肖战、王一博,这样就解决了内容和思路限制的问题。

8.1.3 路人粉

这类粉不能算是你的粉丝,因为他们大多持观望态度。他们的来源渠道很多,比如在朋友圈看到一篇文章,标题非常对口,他们就会点开看看。又比如,你的微博搞个线下活动,关注转发送小礼品,他们就会关注,领个礼品,然后就走了。

这类粉丝对你的新媒体大号从定位到内容再到风格完全没有了解,甚至参与了活动却连你的名字都记不住。但是这类粉对广告变现来说又非常重要,因为广告商投广告完全看点击量,长期关注的粉丝点击量始终有限,这个时候路人粉就可以拉高运营数据。吸引这类用户对运营者来说难度非常大，拉新需要大量的资金，而且流失率也会非常高。

那么，这类粉丝怎么运营？不妨从以下几点着手。

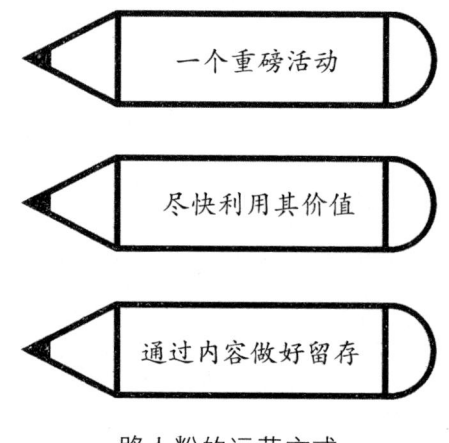

路人粉的运营方式

1. 一个重磅活动

这类粉丝很"功利"，你只需要策划一个刷屏级的活动或者出一个刷屏级的内容，他们就会马上来关注你。有个新媒体大号天天靠送华为手机来吸粉，一天送一台，虽然只是华为的最低端机型，但是每天都能涨粉好几千。

2. 尽快利用其价值

这类粉丝大多不是新媒体大号的目标人群，与内容定位也不匹配，就长期运营价值来说，意义不大。如果这些人要走，强留也没什么意思。但是可以在活动期间，或者活动结束的一段时间里，最大化利用这些资源，利用资源互换或者广告精准投放等方式尽快变现，让其商业价值最大化。

3. 通过内容做好留存

虽然大部分这类粉丝不是目标人群，但是对于一些比较泛娱乐、穿搭类新媒体来说，其实对粉丝的要求也没有那么高，你只需要发布一些高质量的内容，他们就会留下来。只要将流失率降下来，后期通过一些活动和内容定位调整，也能将其转化为内容粉或者品牌粉。

8.1.4 僵尸粉

任何新媒体号都会有一大批僵尸粉，他们关注了却从来不点开内容、不参与活动，这类用户要活跃起来只能从刷屏级的送福利活动入手。当然，你也可以任其放着，毕竟广告商来看你的关注人数的时候，这个数字会非常好看。

总之，现在新媒体的竞争力已经越来越白热化，粉丝运营已经进入了精细化的阶段，对不同的粉丝采取不同的运营策略，才是制胜的法宝。

8.2 新号粉丝何来

在前文中，我们已经对粉丝进行了一个分类，并根据不同粉丝的不同特征，提出了不同的运用建议。当然，前面说的都是有粉丝的情况，那么，如果是一个冷启动的新媒体大号，我们又该怎样去运营、怎么让粉丝数量不断增长呢？

说到这里，我们不妨先来看一个案例。

有一个美妆大号，从注册到爆红只用了半年的时间。它的冷启动是怎么做的呢？其实很简单，这个美妆大号的运营者是两个资深的美妆代购，平时喜欢研究行货和水货，每个人的手机里有10000多好友，300多微信群，她们发了第一篇文章之后，马上到朋友圈和微信群里群发一遍，一个小时就增加了1000个粉丝，然后这些粉丝又分享到了自己的朋友圈……就这样粉丝越来越多，阅读量也越来越高。

这个案例中的美妆博主的做法，就给我们做新媒体冷启动提供了一个可靠的思路。在现实生活中，许多人总是会觉得启动一个新媒体新号十分困难，事实上，只要我们掌握了方法，这种困难便能够迎刃而解。作为一个新号运营者，我们获取粉丝的渠道主要可以分为内部渠道和外部推广渠道两种。

8.2.1 内部渠道

所谓的内部渠道，就是指新媒体运营者手里现有的资源。归纳起来，主要有以下几类。

1. 朋友圈、QQ群

要明白，不是每个新媒体账号冷启动阶段都能有很好的资源，所以，作为一个新号运营者，我们也需要"厚着脸皮"在朋友圈、QQ群里先刷起来。注意，朋友圈的翻看高峰时段在早上7~8点，中午12~13点，晚上8~9点，最好的时间是中午，每天转发的条数也不要太多，一条是最好的。转发的内容除了文章之外，海报、视频都可以，但是一定要将新媒体关注的信息放到明显的位置，识别就能关注。如果是送福利的活动，一定要突出奖品的信息，以此吸引大家关注然后参与。

2. 个人微信号

运营人员可以考虑加群，然后添加群成员，或者将公司的客户添加为朋友，如果手动每天加几十个粉丝应该没什么问题。添加粉丝之后，你就可以自行建群，然后在群里宣传公司的公众号。注意，最好不要一对一发广告，被人举报封号就麻烦了。

3. 官网、活动和报名页面

很多公司花了很多钱做百度推广，然后将流量引到了官网，但是他们并没有利用好这一资源。如果你有一个冷启动的新媒体账号，那么包括官网在内的所有页面，只要有流量就都是你推广的渠道。比如，在官网的下方、活动页面的下方、品宣图的下方都可以放置二维码。有些官网关注了指定的新媒体账号才能登录，虽然用户体验可能差一点，但是绝对是一种很棒的做法。

此外，还有一些地方可能你经常忽略，但是它们也是吸粉的重要途径。比如，为展会制作的易拉宝，参加论坛付费做的大广告牌等。有些装修类或者教育类的网站，他们的报名页往往是粉丝最集中、质量最好的渠道，但是很多运营人员没有将其好好地运用起来。

4. 微信矩阵

有些公司同时运营了十几个大V号，他们为新号拉新的时候就会采取矩阵的方式，在所有大号下放二维码为新账号引流。

5. 微博

2019年一季度的最新数据，微博的月活跃用户是4.65亿，日平均用户数是2.03亿，虽然这个增速已经降低了很多，但是当季中国移动互联网月活跃用户同比增长为3.9%，微博是其3倍。如果你已经有一个很牛的微博，不妨也拿来推广一下自家的其他新媒体账号。

6. 小游戏引流

有趣的小游戏往往是引流最好的途径。比如有些测试小游戏故意把答案放在新媒体账号里，想知道答案，就得关注新媒体账号，这样让用户关注效果往往很好，毕竟很多人不知道答案会浑身难受。

7. 软文导流

软文的投放渠道很多，比如百家号、头条号、知乎等，一般内容中有二维码是不能通过审核的，但是不排除少部分网站允许放置二维码。如果你要引流，可以根据你新媒体账号的定位来精准选择网站。比如目标是小学教育，你可以选择一些家长聚集的网站或者直接与少儿接触的网站来投放软文，不能放二维码，但是可以放文字，将你的账号留在文章的前面，打开之后大家就能看到。

8. 菜单栏、关键词

新媒体号一般都可以自行设置菜单栏或者关键词弹屏，虽然现在很多人关注了一年可能都不会打开菜单栏看看，但是聊胜于无。

9. 视频导入

有些新媒体账号虽然刚刚起步，但是它在其他地方有很强的粉丝基础。比如有些新媒体，之前可能主要做论坛，在B站、腾讯视频有自己的账号，定期发布一些搞笑的短视频。冷启动的时候，他们就会在视频的字幕里加上自己的新媒体账号，引导大家去关注。

之前有一个理财短视频新媒体，它最开始也是在B站投放自己录的理财类短视频，做新媒体之后，每次主持人讲完视频内容，就会邀请大家关注屏幕下方的新媒体账号。这也不失为一种导流的好办法。

10. 线上活动

现在直播、语音室非常火，最重要的是可以和视频里的主播互动。有些人建微信公众号就是为了增加付费会员，那么为什么不反过来呢？这些付费会员肯定对你的品牌非常认可，你可以吸纳他们作为你的公众号首批粉丝。

11．线下活动导流

有些公司会定期举办一些大型的线下活动，比如培训、演讲等，每次到场都有几百人，如果每次到场的人都能成为"种子粉丝"，这个数量相信也是很可观的。

12．资源推广

有些人手上有一些资源，比如之前做过的方案、写的文章、写的广告词，也有一些新媒体运营人员会用热门电视剧原著小说、明星写真、付费歌曲或MV等来引流，关注了某新媒体账号之后便能免费领取这些资源。这是个好方法，但是涉及版权问题，属于剑走偏锋的一招，虽然有效但是不提倡。

13．百度推广

百度虽然是一个搜索引擎，但是旗下的贴吧、知道、文库、百家号等的流量还是很高的，最重要的一点是只要在百度的下属平台发布信息，搜索引擎会更容易搜到，所以大家千万不要忽略。你可以在百度贴吧里发帖宣传，也可以在百度知道的答案里带上公司的新媒体账号，甚至可以把带新媒体账号水印的文章上传到百度文库，效果都是非常不错的。

14．发红包推广

正所谓"有钱能使鬼推磨"，有钱的朋友可以自行建群通过发红包的方式来吸粉。方法很简单，先建群，然后将群消息在各个群里发布，只要关注某个新媒体账号将截图发给小编便能被拉入群，每天定时发红包。大家一看有红包，无论钱多钱少都会积极关注的。

15．网盘宣传

现在网盘运营商比较多，最知名的应该是百度网盘，另外还有微盘等。很多微信号利用这一点，在网上发布信息，只要关注就能在网盘里免费拿到一些资源，这些资源中肯定都写着公众号的信息，以此来吸引大家的关注。

16．其他资源

有些公司有大量的用户资料在手中，比如理财平台、淘宝店家，可以通过短信的方式来引导大家关注新媒体，也可以在给客户的话术里增加一些引导用语。有些公司的App曝光量非常不错，可以考虑在活动横幅或活动页面去放置一些引导的二维码。

内部渠道其实每个新媒体运营都有，只要运用得当，效果是非常明显的。我们可以叠加渠道来进行推广，千万不要忽视一些自带流量的页面。正所谓"星星之火，可以燎原"，推广渠道无所谓最好，但是只要做了就一定会有效果。

8.2.2 外部推广渠道

上面谈的渠道都是内部渠道，是基于我们手里现有的资源，下面我们来谈一下外部推广渠道。

这条渠道主要针对有预算的运营者，做之前一定要掂量一下自己的钱包再说话。具体来说，外部推广渠道包括以下几类。

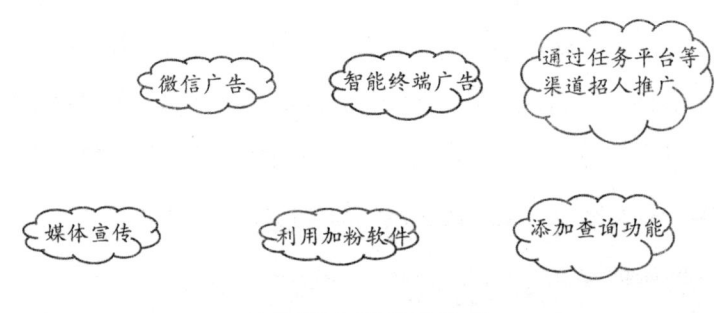

外部推广渠道的种类

1. 微信广告

外部推广渠道如果想增粉,最简单粗暴的方式是投放广告,也就是很多微信号开通的流量主功能,更有钱的可以考虑朋友圈广告。开通这类广告必须找专业的广告公司,投放哪些账号、什么时间投放,广告公司都会帮你策划,但是你自己必须有想法、有要求,广告公司一般一对多,很难每个客户都照顾到。

2. 智能终端广告

移动互联网到来之后,线上、线下的场景转换变得更加容易,虽然取关变得容易了,同时关注也变得容易了。很多新媒体运营人员将眼光放到了越来越普及的智能终端上。那么,智能终端广告推广应该怎么做呢?以下建议值得参考。

(1) 先关注后获取Wi-Fi密码

现在很多人去餐馆吃饭,首先问的不是有什么菜,而是Wi-Fi密码是多少。有些商场可以免费为大家提供Wi-Fi,获取密码的方式很简单,先关注商场的新媒体账号,就会自动跳转到一个页面,输入你的手机号之后不久你就收到商场的动态Wi—Fi密码。是不是很给力?假如每天来商场购物的有1000人,其中一半是新客户,那么一天就能增加500个粉丝,一个月就是1.5万个。

但是有些卖场的Wi-Fi布置是通过外包服务商来实现的,如果添加这个功能可能需要几百万甚至几千万元的投入,老板可能会觉得为了这点粉丝不值得。也有运营人员将眼光投向了更大的Wi-Fi聚集地,比如深圳的地铁已经全面覆盖Wi-Fi,上海地铁也在跟进;再比如即将全面覆盖Wi-Fi的高铁、火车站、机场,甚至飞机上。我们坚信,未来和Wi-Fi捆绑的新媒体推广玩法会越来越多。

(2) 共享服务商的智能终端合作

不少小吃店有扫码用充电宝的设备，不少运营人员开始打上了它们的主意，如果扫码后出现的确认页面能出现自己新媒体账号的二维码，不失为一个非常好的推广方式。前几年各大快递疯狂推进"最后一公里"的时候，在各个小区都安装了快递柜，每个运营商至少有几百家小区的覆盖量，它们很重要的一个盈利点便是柜体广告和LED屏幕广告，虽然只是小小的一块，显示也以秒计算，但是影响目标人群还是很精准的，非常适合母婴、童装、家居等新媒体的推广。

(3) 摇一摇也能增粉

"摇一摇"是2011年10月1日微信3.0版本新增的一个功能。之后，"摇一摇"经过几次升级功能也得到了强化。2015年除夕的时候，微信通过这个功能造就了"红包满天飞，全国大联欢"的奇景。

有一家新媒体推广运营商和会展中心合作，通过"摇一摇"实现了粉丝的快速增长。其实玩法很简单，当你使用"摇一摇"的时候，下方便会出现一则广告"马上关注马上领奖品"，关注之后就会领到一份会展区餐饮的打折卡。是不是很贴近观展人的需求？当时配合展会一起宣传，效果非常好。

(4) 喝咖啡也能增粉

智能终端与微信的结合，让其变身为新媒体账号的推广员，比如微信咖啡机、微信打印机、微信娃娃机、微信摇摇车、微信摇摇马等。这些智能终端通过物联网技术与微信联合起来，做活动设计的时候一定要求使用前必须关注新媒体账号。只要将智能终端放在人流量比较大的位置，就会为你带来源源不断的流量。

微信打印机是最早的做法，用户只需要关注公众号后将自己的照片上传即可打印，因为做得人越来越多，效果也越来越差。后来人们又将目光转向了咖啡机，原理一样，关注后输入关键字即可在旁边的咖啡机免费领取一杯咖啡，效果还是不错的。接着人们又开始玩微信娃娃机，套路还是一样，关注新媒体账号之后就能免费夹娃娃。

3．通过任务平台等渠道招人推广

现在有一些类似"一品威客"的任务发布平台，你只需要在上面发布你的需求，自会有人接单帮你推广，一般费用比找广告公司要便宜很多。你也可以把自己的新媒体账号交给他们，他们会将推广的内容发布到微博、大V的朋友圈，只要你给钱，价格合适，他们都很愿意帮你宣传。

4．媒体宣传

前几年有个地方报纸的一篇头条文章特别有意思，整个版面是空的，只有下方放了一个二维码，二维码下面写了几个字，"设计师不干了，活动细则请自行扫描二维码"。因为这种形式的广告非常少见，所以效果非常好。其实，很多媒体，无论是报纸、新闻平台还是广播网站都是可以花钱请他们帮忙推广。比如深圳地铁发放的免费报纸，发放量是非常高的，而且目标人群精准，只要策划得好，效果肯定不错。

5．利用加粉软件

正所谓需求决定供给，既然粉丝是所有新媒体大号的刚需，自然就有相关的软件面世。不过这种软件质量参差不齐，功能和效率也不一样，大多的做法是自动发请求加群成员为好友，然后给好友自动发送求关注或者活动的相关信息。这种做法确实可以提高新媒体运营人员的效率，至少它可以实现24小时不停地加群、加好友。但是很多软件存在经常掉线或者卡顿的情况，事实上也不是很好用。此外，这种软件需要一个个人微信号来作为主体，经常以这个微信号发布垃圾信息，常常会被人投诉，所以被封号的可能性非常高，走这条路需要多加思考。

6. 添加查询功能

很多政务网站不推广也能聚集粉丝，原因是通过关联的小程序或者弹窗跳转的微站点可以查询某些和人们息息相关的信息。比如，有一个新媒体账号可以在线查询车辆的违章信息，游乐场的公众号可以查询门票销售的情况等，都是采用的这种套路。

以上为大家介绍了许多吸粉方式，相信只要掌握了这些吸粉方式，即便你是刚刚踏入新媒体运营行列的新手，哪怕你没有任何的粉丝基础，你也一定可以成为一名出色的新媒体运营者。

8.3 吸引粉丝前的准备工作

在前文我们已经提到了粉丝的价值以及吸粉的相关渠道，在正式吸粉之前，我们也应该做好相关的准备工作，主要包括账号取名、账号简介、选择合适的广告主等五个方面的内容。

■ 8.3.1 取一个好名字

很多运营人员在申请新媒体账号时往往会忽视名字的重要性，简单套用公司的名字导致用户难以理解，影响吸粉，也增加了后期运营的难度。

那么什么样的名字才算是一个好名字呢？

1. 降低认知成本

好的名字能够让用户一眼就能明白其含义，认知成本的降低能吸引用户的关注。比较有代表性的名字有"投资界""创业家"等。

2．降低传播成本

一般来说，好写好读且不是太长的名字更容易被传播，例如"一条""二更"等。

3．占领用户心智

让新媒体账号的名字和某个行业的每一细分领域的产品名称，在用户的脑海里产生联系，这样可以占领用户心智，让用户在想到与这个产品有关的事物时，也能联想到这个新媒体账号。

■ 8.3.2 账号简介

账号简介相当于账号的功能介绍，文字不能太长，且与产品有关，更要有亮点，这样才能吸引用户。

我们总结了一些写新媒体功能介绍的技巧，供大家参考。

1．一句话概括

用一句话来概括一个公众账号最精华的部分，这也是被采用得最多的方法。

2．体验式互动

这种方法的特点是放弃产品功能的诉求，突出产品的体验感，很多做搞笑内容的新媒体账号都属于这种风格。

3．利用数字

数字能够在很大程度上增加真实感，赢得用户的信任，而且数字在一堆文字中会比较突出，能让用户加深印象。

很多深夜情感类的公众号都喜欢用这种套路，而且时间点的抢占也非常符合现代人快节奏的生活步调，比如"十点"这个时间点已经被

"十点读书"系占领。

4．品牌性格式

这类账号通常侧重于品牌的性格，很容易被用户记住和接受。比倡导性格更高明的是倡导价值观，例如新世相的"我们终将改变潮水的方向"，引起了很多人的共鸣。

5．唤起情感，提升品牌利益点

这种方法主要是通过把握用户的情绪，把人们最常有的情感体验放在账号的简介里，从而吸引用户的关注。

8.3.3 谨慎选择广告主

一般来说，广告主为了拉到更多的广告，往往会在点击量上造假，有的运营人员为了省事只会关注平均点击量，这样很容易被虚假的数据迷惑。很多时候，新媒体账号运营者提供的粉丝数据并不真实，因此我们在投放广告前一定要仔细甄别，对每个数据都要持怀疑态度，如果数据有异常情况一定要让对方提供可靠的证据进行佐证。

虽然很多新媒体账号都是企业运营，但是也有少量的个人账号，我们可以尝试去找这样的账号，成本会比较低。

8.3.4 避免目标用户的重叠

很多新媒体账号都会找广告公司进行推广，虽然这样的想法是正确的，但是结果往往并不理想。一些新媒体大V使用过的推广号清单可能并不适合我们，因此我们在进行推广时一定要注意目标用户的重叠问题，选择适合自己的渠道。

8.3.5 不要为了加粉而加粉

有的公司会给新媒体运营人员严格的关键绩效指标,例如每个月的粉丝增长量、阅读量以及推广渠道等必须达到一定的数量。为了完成任务,很多运营人员只能选择盲目加粉,这样得来的粉丝并不会带来很高的转化率,反而事倍功半。

事实上,粉丝的数量不在多,而在于精。只要认可新媒体账号传播的价值,并且能够分享和传播运营的内容,这样的粉丝就是有价值的。

以上为大家介绍了吸引粉丝前的相关准备工作。总之,这是一个不断尝试的过程,如果我们不善于总结,那么付出再多的成本也只是徒劳无功。除此之外,比起吸引粉丝更重要的是留住粉丝,这些都需要新媒体运营人员提升自己的职业素养,如果没有优质的内容留住粉丝,那么前期工作做得再好也无济于事。

第九章
KOL营销攻略

随着时代的发展和科技的进步,如今,KOL营销俨然已经成了一个风靡的热词。不可否认的是,由于KOL自身所具备的巨大影响力,其在促进营销消费层级的传导和促进品牌理念的病毒传播方面都具有不可比拟的优势。因此,在进行新媒体运营的时候,一定不要忽视KOL营销的重要性。

9.1 什么是KOL

近年来，KOL发展越发成熟，各个领域都出现了头部KOL，这些KOL在获得粉丝的同时，也在商业化探索上做出了很多尝试，他们在相关领域所具有的号召力、影响力和公信力是巨大的，在很大程度上影响着消费者的购买决策。那么，什么是KOL呢？它是如何得来的？它又有怎样的结构和价值呢？我们不妨一起来学习一下。

■ 9.1.1 如何定义KOL

KOL，即关键意见领袖（Key Opinion Leader），是营销学上的概念，被定义为：拥有更多、更准确的产品信息，且为相关群体所接受或信任，并对该群体的购买行为有较大影响力的人。事实上，KOL就是在某一个领域对大家有影响的意见领袖。

对处于创业初期的企业来说，扩展营销渠道往往是大问题，而相比于其他营销方式，互联网营销具有传播速度快、受众群体庞大以及成本低等特点。不过国内互联网的话语权通常由科技媒体掌握，若想其提供报道服务，就必须去排队申请记者采访，而申请流程往往会耗费大量时间和精力，其结果往往也不尽如人意。那么除此之外，新媒体运营者还有其他选择吗？

事实上，除了通过媒体可以影响用户的购买决策外，KOL也是一个不错的选择。KOL可能并不具有广泛的影响力，但是在其擅长的领域，他们的地位却是不容忽视的。如果我们能够利用KOL的绝对话语权来制定营销策略，或许就能事半功倍。

9.1.2 KOL演变史

KOL是如何产生的呢？

我们都知道，国内的KOL有清晰的演变史，最早的KOL诞生于博客时代。事实上KOL的诞生与新浪这家公司有斩不断的联系。

2005年博客出现，这个阶段最具代表性的KOL都是名人。为了推广新浪博客，新浪利用名人效应，让名人开博来吸引用户。例如徐静蕾开通新浪博客仅122天就获得了千万点击量；韩寒在2010年经网民投票入选《时代周刊》"全球最具影响力一百人"第二名，超过了美国总统奥巴马。

很多人开通博客只是为了满足自己的好奇心，但是博客最具开创性的意义在于，打破了名人只出现在电视和报纸、杂志上的现状，给普通人提供了与名人接触的机会。在这个阶段的后期，出现了一些普通人开设的名博，第一代草根KOL逐渐形成。

2009年的新浪微博无疑是重演了历史，不过这次新浪邀请名人开通微博就顺利得多。经过三年多的发展，微博中信息的流通不再零散和随机，很多大V粉丝数量庞大，信息流通同质化现象非常普遍，这些大V就是相对成熟期的第二代草根KOL（段子手）。而随着微博的不断发展，这些大V的影响力也越来越大，他们开始寻找话语权的变现之路。

同博客相比，微博更倾向于娱乐和八卦，因此并不适合严肃的写作，140字的限制也让很多擅长文字表达的KOL无从适应。例如专栏作家、自媒体人吴晓波就曾表示，职业写作者关注细节，而微博无法承载用事实、数据和逻辑推理来阐述相关的原理，它更像是一个充斥着各种各样声音的舆论广场模型。

随后流行的是微信，朋友圈和公众号的出现解决了博客和微博存在的很多不足。微信让人们处于一个熟人环境，拉近了人与人之间的距离。人们通过熟人在朋友圈的分享来获得一些信息，这就要求在分享时必须注意自己的言辞，因为这代表着一个人的身份和价值观，影响着人们对这个人的印象。因此，微信公众号上的KOL必须能够进行严肃的写作。

这种分享与Facebook类似，分享的信息传达出的是深层次的个人喜好，具有较高的商业价值。

而微信最具有建设性意义的一点在于，它打开了公众碎片化阅读的大门。在微信流行的这几年，科技媒体也在不断发展，而这需要大量有深度的严肃内容输出，这时很多自媒体人开始发挥自己的特长，成为各个垂直领域的意见领袖。这也意味着，官方编辑和媒体提供内容的模式已经被打破，KOL已经到了发展和变现的黄金时期。

9.1.3 KOL的结构

在前文中，我们已经学习了KOL的定义、优势和演变史，接下来，我们再一起来了解一下KOL的结构。

KOL的结构共分为三层，包括顶级KOL、垂直领域KOL和品牌活跃粉丝，呈现出金字塔的特征。

第九章 KOL营销攻略

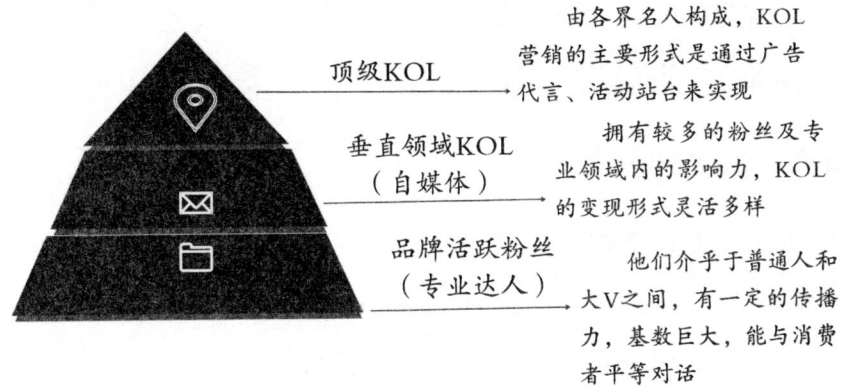

KOL的结构

处于金字塔顶尖的是顶级KOL，一般是由各界名人构成，他们的资源主要来源于粉丝经济和社会影响力。例如明星通过广告代言获得收入，社会名人则是以活动站台来实现。通常，邀请这种KOL花费的成本非常高，通常是几万到几十万元不等，而且他们往往会首先考虑新媒体运营者是否有资格与他们合作。因此，顶级KOL更适合与大公司或者知名品牌合作，以达到强强联合的效果。

处于第二层的KOL拥有较多的粉丝，在一定范围内有较强的影响力。这类KOL通常由某些垂直领域的意见领袖以及相对小众的专业权威人士构成，虽然具有一定的草根性质，但是他们在特定的领域却是真正的权威。相比于顶级KOL，他们相对来说成本较低，更适合与一般的企业合作。

位于金字塔底部的则是热衷传播的超级粉丝以及广大网民，是KOL营销的推动者，在整个营销过程中起着非常重要的作用。

在KOL的三层金字塔中，位于第二层的KOL是很关键的，因为他们不仅影响顶端的KOL，还会影响处于基层的目标用户。需要注意的是，无论新媒体运营者打算从KOL的哪一层入手，都应该明白，最终需要打动的都是目标用户。

9.1.4 KOL的价值

KOL的发展历程及其结构让我们对它有了更深入的了解。接下来我们需要弄明白的是，为什么说KOL能够有效地促进营销？它的价值体现在何处？我们不妨从以下几方面着手，一起来寻找答案。

1. KOL促进了消费层级的传导

社交媒体在吸引消费者这方面一直做得十分出色。在过去的十年，社交类广告增长迅速，智能化的社交会提供沉浸式的场景来进一步促进品牌营销，这种线上营销渠道的爆发会让KOL舆论导向力增强，使得消费的层级观点更加明显。

这种舆论导向力的增强指的是，在品牌与消费者之间的宣传渠道会展现出层级化的特征，而不是说KOL可以直接改变消费者的决策。KOL只是品牌与消费者之间的沟通桥梁，这种连接的力量越强，就越能创造出更适合消费者的内容，传达出品牌的理念以及产品的优点。

一般而言，KOL会通过层层筛选验证后再慎重地向消费者推荐品牌及其产品，这些产品能经受市场的考验，赢得消费者的口碑。因此，KOL、品牌及其产品、消费者之间出现了一条消费链：品牌方给KOL提供产品，KOL试用筛选产品，消费者接受KOL的推荐购买产品。如果社交媒体的力量越大，KOL的号召力则越强，这一消费链会产生更大的效果。

关于这一点，我们不妨先来看一个案例。

作为中国网红电商模式的开创者如涵公司的首席营销官，张大奕同样也是一位成功的KOL，吸引了千万粉丝的关注。张大奕在继2017年8月与露得清品牌宣布合作后，2018年升级为品牌合作人。张大奕在选择了露得清品牌后，经常在线上直播的时候与粉丝互动，通过直播推荐该品牌产品，包括回答粉丝的护肤问题，介绍适合粉丝肤质的露得清产品等。张大奕作为KOL，先选择品牌，再在直播过程中为品牌产品背书，吸引粉丝购买自己推荐的产品，模式效果显著。以防晒为例，张大奕与露得清推出限量款防晒组合，上新首分钟每秒售出39支，上新12小时销量突破7000支。

通过张大奕和露得清这一典型案例可以发现，当品牌选择了适合的KOL后，品牌和KOL就不再仅属于单一的商业关系，而是变成两者强强联手的合作关系。这种合作关系能进一步促进品牌与消费者之间的对接，拉近品牌与消费者的距离，在二者之间架起了短平快的桥梁。

2. KOL促进了品牌理念的病毒传播

品牌想要快速打开和占领市场，就需要强大的曝光量，刷屏式传播是非常有效的曝光手段。广告学上有一个七次曝光定理，是指一个用户不管以什么形式看过七次某个产品的名字，就会记住这个产品的名字。这一定理同样适用于社交媒体。品牌选择KOL在各种平台上持续、密集地针对某一用户群体进行宣传，这一用户群体也会潜移默化地接受影响并不断加深对KOL的信任。因此，品牌想要达到曝光宣传的效果，就需要KOL具有强大的曝光度，选择有针对性的内容，保持更新的频率，从而达到品牌宣传的预期。

一位优秀的KOL需要在社交媒体上进行粉丝的日常维护，选择产出内容和展示方式，适应新的传播方式的变化。时下各种短视频App非常流行，各类直播也拥有相当大的热度，因此KOL在宣传品牌及其产品的时候，需要选择适合的媒体平台和宣传方式来吸引粉丝，不能忽视社交媒体的作用。

例如之前火遍大江南北的YSL星辰系列限量版口红，YSL刚推出的时候并未进行宣传，而是通过大大小小的美妆博主井喷式的开箱测评在最短的时间内打响了知名度，最终卖到断货，一支难求。

YSL的成功无疑证明了KOL在品牌宣传中的巨大作用。KOL刷屏式的宣传将其产品推送到广大用户身边，引起裂变式的消费，改变了口红市场的消费格局。

KOL在品牌和消费者之前架起了一道桥梁，KOL在市场中的位置决定着KOL自身的营销能力，KOL、品牌及其产品、消费者三者之间层级式消费链联系越紧密，KOL的营销能力就会越强。

同时，KOL的不间断曝光让品牌拥有刷屏式传播的力量。作为沟通前后的中间环节，KOL不仅能给消费者提供品牌优质产品，反之，也可以为品牌提供建议。

综上所述，KOL作为消费链的重点环节，在品牌营销中拥有举足轻重的作用。

9.2 什么是KOL营销

在前文中，我们已经探讨了KOL的定义、演变史、结构和价值，并且明确了作为消费链重点环节的KOL，在品牌营销中拥有举足轻重的作用。

可以肯定的是，随着时代的变化与发展，传播方式以及媒介环境的变化让各个时期的意见领袖也呈现出了不同的特点，如今各种社交媒介更是让KOL的发展如虎添翼，KOL营销也成了新媒体运营与营销的必然趋势。那么，KOL营销究竟是如何进行的呢？这也是本节将要讨论的重点内容。

9.2.1 正确认识KOL营销

KOL营销的核心是通过连接用户和品牌，输出优质的内容以及传达品牌优势来增加用户的信任度，让用户成为品牌的忠实消费者。

互联网开放的媒介环境让很多领域和层级变得模糊，人们不只是接受来自传统意见领袖的信息，也会接收一些比较接地气的意见领袖的信息。这些意见领袖在某个垂直领域有绝对的话语权，因此获得了很多粉丝，成为这个圈子里的红人，也就是KOL。

KOL与普通用户有什么区别呢？事实上，KOL与大众相比拥有更多的信息渠道，能够更早地搜集到信息；观念较为开放，拥有一定的沟通技巧，有很强的社交能力；擅长加工和处理信息，发布舆论和信息；有较强的感染力，容易得到大众的认可，也很容易劝服他们。

相比于广告的无差别宣传以及顶级领袖的精英式宣传，这种接地气的KOL的亲身示范更容易获得消费者的青睐，而且他们对粉丝的影响力是深远而又持久的。

KOL的优势在于，他们的身份是名人，比如时尚界新星、美妆界大V、二次元知名coser或者是淘宝美女店家，他们比明星更容易接触，比普通人更有魅力，也可以满足普通人接触名人的虚荣心以及与名人沟通的需求。如果能够妥善经营和管理，他们会拥有越来越多的粉丝，逐步走向产业多元化的道路。

社交媒体的发展缩短了人与人之间的距离，越来越多的平台已经认识到了KOL的价值，无论是创造专属的KOL，或是选择符合品牌文化的KOL，KOL营销已经成为新媒体运营与营销的重要组成部分。

9.2.2 KOL营销的盈利模式

KOL的营销能力是如何体现的呢？

比如穿搭网红余潇潇，她有300万微博粉丝，利用这一点她开始做电商，第一年和第二年的累积销售额已经过亿元，在2017年甚至达到了1.78亿元的年销售额。合作伙伴认为，消费者大多是余潇潇的粉丝，或者是粉丝介绍的客户，也就是"粉丝+口碑"效应。

总结起来，KOL的盈利模式，主要包括以下四种方式。

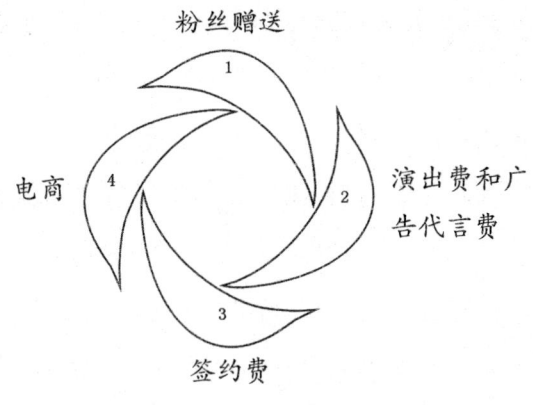

KOL的盈利模式

1. 粉丝赠送

这在游戏和直播领域比较常见，比如KOL在平台上向粉丝传达各种信息，粉丝因为认可或者喜欢而打赏，最终得来的收益由KOL与平台分成。

2．演出费和广告代言费

例如，冯提莫靠游戏和唱歌成为知名网红后跨入明星行列，通过拍摄游戏广告和参加综艺节目也能获得收益。

3．签约费

例如，网红成名后与平台签约，只在一个平台上直播，这样不仅网红能获得一笔可观的收入，平台也能提升自身的知名度，获得双赢。

4．电商

网红电商包含两种模式：一是网红拥有店铺，通过自身的努力将粉丝转化为消费者；二是借助自身的影响力宣传产品，从商家处获得分成。

平台为KOL提供流量端口，KOL借助自身影响力提供内容输出，两者形成了一种稳定的模式。而电商在网红的收入中几乎占据了1/5，这从某种程度上说明KOL的营销效果超过了传统广告，因此这种网红经济与粉丝效应催生了新的KOL的同时，也为品牌营销提供了更多的可能。

9.2.3 品牌与KOL的互相平衡

有人认为，消费的对象已经不再局限于具体的物质，而是还包括特定的符号。基于这种理论，KOL在平台上发布的引导粉丝消费的内容，就是一种符号上的意义。从某个角度来说，只要粉丝拥有了KOL拥有的物品，似乎就与KOL建立了一种联系。

从品牌营销的角度出发，KOL的核心在于联结品牌与用户，KOL通过适当的内容输出把调性相近的品牌或者产品介绍给自己的粉丝，也许只需要在图片或者视频中露出产品的一角或者logo，就能让粉丝跟进，然后购买产品。

不过，随着新媒体的不断发展，KOL的竞争也日趋激烈。KOL怎样才能在适应市场和粉丝需求的情况下凸显各自的特点呢？

根据阿里《网红互联网消费影响力指数》，以及网红对消费者商品消费的影响、消费者对网红的兴趣度等数据来看，网红雪梨以自己的话题热度带动优质产品，在引导消费者消费方面展现出了不俗的实力。

不仅仅是淘宝，小红书、抖音也是KOL的聚集地。小红书上的各种美妆博主营销的能力不容小觑，而抖音上专门介绍游玩攻略的红人已经成了很多人出门旅游都会"请教"的专业KOL，苍山洱海、厦门网红冰激凌、彩虹桥等就是著名的打卡点。

因此，KOL营销过程中品牌与KOL应该互相平衡，不仅能够吸引消费者的注意力，而且还能展现自身的风格特点，这样才会吸引更多的人，带来更多收益，让KOL营销达到更好的效果。

■ 9.2.4 品牌与KOL的互相维护

恰当地利用"KOL+品牌营销"的确能够带来可观的收益，但是KOL有自己的生命周期，粉丝的积累和运营也并非一朝一夕就能完成。如果在营销时仅仅为了制造一时的热度而忽略维护KOL的状态以及与商家的合作关系，就容易导致商品属性与KOL的内容相割裂的情形，最终不利于品牌和产品的传播推广。

KOL的评估一般是以知名度和参与度为标准进行的，也就是粉丝的数量以及参与度。不过，中国很多知名度和参与度高的明星都不能将这种资源转化为较好的购买力，归根结底是因为输出的内容质量差。比如仅仅是提高产品标签，没有具体的内容，或是介绍了一些缺乏细节的活动。因此，除了KOL自己需要承担运营宣传的任务外，与之合作的品牌也应该注重后期的维护。

例如，走红之后的papi酱也曾为"荣耀""东风"等品牌代言，不过再没有拍出2000多万元的天价广告。当然，影响传播效果的原因有很多，但是在众多KOL激烈竞争的市场环境下，商家或者平台维护KOL的个人形象以及与产品的贴合度也很重要。

因此，想要做KOL营销，除了要找到合适的KOL红人，还应该结合自身品牌的特点，输出优质的内容来吸引消费者，这样才能促进品牌传播，带来真实的消费。

9.3 如何找到优质的KOL

KOL营销中很重要的一环就是找到优质的、与品牌或者产品调性相近的KOL，这样才能在后期最大限度地发挥出他们的作用。我们应该怎么做才能找到合适的KOL呢？找到之后我们又应该怎么做呢？这里总结了一些经验供大家参考。

■ 9.3.1 找哪些KOL

在寻找KOL的过程中，首先应该明确的一点就是：我们应该选择哪些KOL呢？

1. 有正确的三观、情商高、性格活泼、能够与大家打成一片的人

这种人对管理和运营平台有很大的帮助，也能活跃群体氛围，比如版主、吧主。不过，最重要的标准是三观正，很多人虽然能在前期很快融入群体，但是一旦与普通网友发生争执，就会利用自己的影响力施压，反而会对运营和营销造成不利影响。

2. 号召力强、有内容生产力、话题度高的人以及专业从业者

这种人容易得到广告商的青睐，而且由于他们具备专业知识，可以通过开设收费课程或者直播来赚取另外的收入。

事实上这两种人可以交叉，不仅具备高情商与活跃粉丝的能力，还具备相关领域的专业知识，因此这种KOL具有很高的价值，应该好好把握。

找KOL在KOL营销中是十分重要的环节，因为这些KOL直接影响着最终的营销结果。

9.3.2 找KOL有哪些渠道

归纳起来，找KOL的渠道主要有以下几条。

1. 在自家平台上寻找

我们可以通过一些活动和日常内容来筛选出合适的KOL。这样找到的KOL不仅认可这个平台，也懂得平台的使用规则，从而在前期节省很多精力，也有利于后期的推广工作。

2. 在竞品中寻找

在竞品中可以实现精准挖人，但需要注意的是，在竞品中找人必须谨慎，涉及平台的信息最好不要直接表达，可以用英文或者代号来代替。除此之外，这样找到的KOL必须认真对待，因为他们会不自觉地进行比较。

3. 在微博微信等社交平台中寻找

在使用官方账号时，我们可以直接评论或者私信，但如果使用的是私人账号，就应该关注、点赞以及评论和私信，相对来说，官方账号更容易获得KOL的信任。

对于社交平台上不同的KOL，我们也应该采用不同的方法。

（1）潜在KOL

我们可以去社交平台挖掘垂直领域的潜在KOL来自己慢慢培养，比如美妆类KOL可以去某些推荐产品的微博营销号的微博里去找，这些潜在的KOL通常会对产品的特征以及使用感受做详细的功课来吸引营销号转发。这些人喜欢分享，配合度高，也比较积极热情，挖掘起来相对容易。

（2）小有名气的KOL

这类KOL由于已经具备一定的知名度，想要挖掘过来可能存在一定的困难。如果能够取得联系，最好是降低入驻平台的成本，这样才能进一步吸引KOL。例如，可以经过对方的授权后以对方的名义注册一个账号，然后将对方创作的内容展示在平台上，尽可能地利用各种渠道让他的内容获得更多的曝光，以此来说服对方。

（3）大KOL

这种KOL需要平台具有较大的势能或者能够给予可观的酬金才能吸引他们，因为他们不缺乏广告资源，且大多已经与较大的品牌合作。如果预算有限，建议新媒体运营者不要尝试。

9.3.3 如何与KOL沟通

找到目标KOL后，我们就应该与之联系，在确定合作意向的前提下可以商量合作事宜。如果能够掌握一些沟通技巧，将对双方的合作起到很大的促进作用。那么与KOL沟通时有哪些技巧呢？以下建议值得参考。

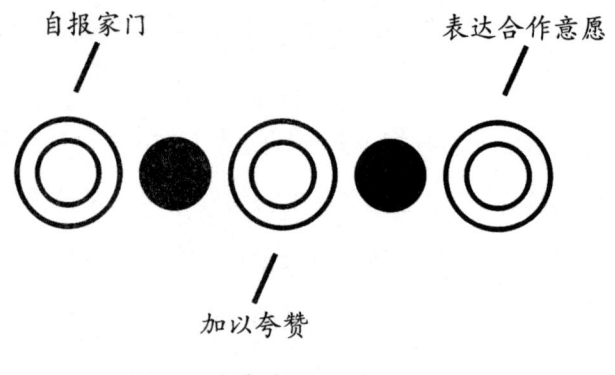

如何与KOL沟通

1. 自报家门

在首次与KOL取得联系时，大平台的自我介绍以简单为主。如果不是大平台，那么介绍时可以从用户量、用户活跃度等数据，以及与大公司或者大品牌的合作经历等方面，给KOL留下好印象。

2. 加以夸赞

不能盲目夸赞，而是从KOL的特点以及内容的亮点恰当地夸奖，这种适当的肯定不仅表示我们已经对对方有了比较深入的了解，同时也能说明我们的重视程度。

3. 表达合作意愿

表达合作意愿的方法也有两个。首先可以从对方的内容以及调性来说明他与平台的匹配之处，表达你的渴望。其次许诺利益。最好的方法就是具体说明平台比较成功的KOL所获得的现实利益，但是用词一定要斟酌，同时也不能过度夸大，否则会降低可信度。

9.3.4 哄好你的KOL

当我们找到合适的KOL并且与之建立了合作关系时，我们除了应该告知其平台的规则，帮助其快速适应平台外，还应该处理好KOL与平台和其他KOL的关系，这样才能建立长期的良好合作关系。

1. 告知使用规则

KOL初到平台，我们要尽力提供便利，让其尽快适应新媒体运营的环境，同时也要告知其两个方面的内容。

（1）平台使用的规则

除了基本的使用规则外，还应该告诉KOL该平台用户喜欢的内容，最好是有配套的教程，这样更方便及时回答。

（2）其他规则

这里的内容一般包括不能露出其他平台的logo，不能与其他用户发生争执，万一发生了争执应该如何处理等方面。

2. 推广KOL

KOL将自己原创的内容发给我们后，首先应该审核，如果有不合适的地方应该引导其修改，如果KOL的内容很好，我们也应该适当地表示肯定。然后，就应该利用手上的资源将其及时推广，并且告诉KOL相关的进程，这样可以让KOL感受到平台的工作效率以及重视程度，同时这也是拉拢KOL的机会。

3. 后续管理

有些新媒体运营者为了方便，就会建一个KOL群，每次的任务以及反馈都会直接发在群里。但事实上这样做并不利于KOL的后续管理，原因在于：不论处于何种环境，人都会不自觉地进行比较，KOL也不例外。尤其是对于内容质量的排位会导致流量不同有一定认知的KOL，很容易产生一种想法："我的内容更好，为什么排名靠后？"而且，KOL互相认识很容易互相比较收入，因为职场上也是如此，如果你费尽心思打听到了同事的收入,最后发现自己是收入低的一方,不仅让自己难受,还很有可能导致集体跳槽。因此,很多时候KOL之间无须有过多的交流,这样更有利于KOL的管理。

不过,建群让KOL相互认识也有好处,比如在竞争对手比较少而平台又很大,KOL人数过多的情况下,建群可以避免工作量过大,也可以让KOL有更多交流,促进相互导流。

除了少数情况外,一个平台通常不可能只存在一个KOL,而KOL并非其他普通用户。在找到合适的KOL之后,除了让KOL的工作尽快步入正轨外,也要注重后续的管理,这样才能留住优质的KOL,让他们发挥出应有的作用。

9.4 如何实现KOL营销效果最大化

在新媒体越来越发达的今天,人们对于自己接收的信息越来越挑剔,传统的无差别大面积投放的营销模式已经行不通了。而随着信息网络化的发展,KOL成了品牌与消费者之间的桥梁,KOL也成了推广品牌的重要手段。

不过,即使KOL营销已经得到了广泛应用,但在具体的操作环节中,不少品牌仍然存在很多问题,投入了大量资金却毫无成效。很多品牌在促进社会化传播时往往会面临三个问题,即互动促活难、分享传播差和销售转化低。

那么,我们怎样才能在KOL传播中获得最佳效果,做好KOL营销呢?下面将从促进KOL生产原创内容、刺激KOL主动转发以及优化KOL营销策略三个方面,讲述如何实现KOL营销效果最大化。

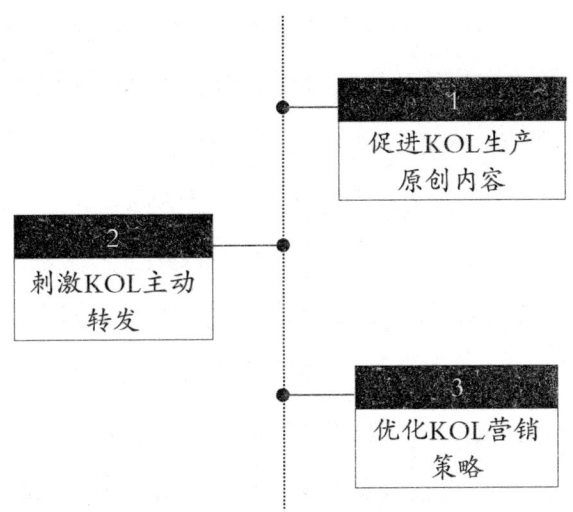

如何实现KOL营销效果最大化

9.4.1 促进KOL生产原创内容

社会化营销推广的优势在于，用户可以参与实时互动同时促进二次传播，因此KOL发表的原创内容的数量是广告投放的重要标准，只有原创内容才能让品牌在新媒体中得到更大范围的推广。我们应该怎么做才能在新媒体中促进KOL多生产原创内容呢？不妨从以下几点着手。

1. 通过具体故事引出产品

用户在有了强烈的情感共鸣后会自发地产生表达的欲望，投放内容越能让用户共情，就能越能收获宣传的效果。除了选择合适的KOL和媒体平台外，最能唤起用户情感的就是通过讲故事和描述具体事例的方式来宣传产品，让用户在情感的震荡和共鸣中充分激起创作表达的欲望。

2. 多平台投放

信息高速发展的时代，传播方式在不断更新改变，投放的方式也需要与时俱进。想让用户对宣传的内容有印象，其间需要大量的二次传播。尤其是周围熟悉的人的传播。很多时候，我们在朋友圈看到一篇文章，并不会立刻产生转发分享的想法，就此滑过。但是当很多朋友一起转发这篇文章的时候，自己也会不自觉地进行转发。

由此可见，品牌在投放内容的同时还需要注意投放的平台，进行多平台、跨平台的投放覆盖。特别是对于部分大型消费品的品牌而言，不要把鸡蛋放在一个篮子里，多平台的投放才能赢得商机。

3．选择人格化的KOL和自媒体投放

当品牌选择在KOL和自媒体身上重点投放宣传信息时，需要注意KOL和自媒体的选择。一般来说，KOL和自媒体越人格化，他们的粉丝会更真实活跃，粉丝的黏性越强，KOL和自媒体的营销能力也就越大。反之，其他诸如信息科普、资讯分享类的账号的粉丝和自身影响力会稍弱一些。

9.4.2 刺激KOL主动转发

事实上，想要达到中等的KOL营销效果并不难，真正考验营销推广能力的点在于如何促进传播增量。一般来说，获得传播增量的方式有两种，一种是普通用户的主动转发，另一种是KOL的主动转发。

很多人认为普通用户的转发可能会更重要，因为其群体庞大，能够带来更多的传播量。然而事实并非如此，因为KOL可以让品牌相关信息的传播突破圈子的限制，而且KOL主动转发的标准高于普通用户，他们可以让品牌的曝光度呈指数级增加，因此，KOL的主动转发对于品牌的推广更重要。

我们怎样才能激发更多的KOL主动转发呢？以下建议值得参考。

1. 大品牌+优质内容

一般来说，优质的内容以及知名的品牌才能吸引未投放的KOL的主动转发。原因在于，不知名的品牌存在更大的风险，KOL不愿意为其进行背书导流；除此之外，只有优质的内容能够在社交媒体中进一步强化KOL的个人形象，为其带来更多的粉丝。

2. 品牌投放达到临界

事实上，KOL的主动转发并不是雪中送炭，在没有初始投放的情况下想要通过内容吸引KOL传播是不现实的。因此，想要吸引KOL主动转发，品牌必须已经实现了一定程度的传播量，才能找到突破圈子限制的可能。

KOL的主动转发从某种程度上来说只是锦上添花而已，因此更适合大IP和大品牌的传播。在激发KOL主动传播之后，就应该将传播量转化为销量，这样的传播增量才有意义。

■ 9.4.3 优化KOL营销策略

品效合一直是营销的难题，如何在推广品牌的同时促进销量也是电商营销不断讨论的问题。但是，无论打造品牌多么重要，销售一定是推广品牌的最终目标之一，在新媒体营销中更是如此。那么我们怎样才能尽可能地实现品效合一，优化营销策略呢？以下给出几点实用建议。

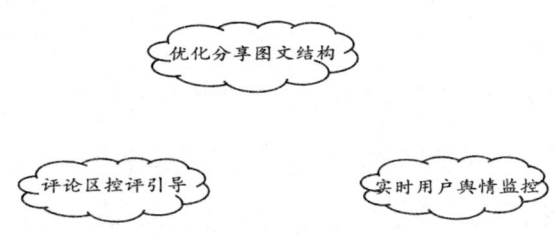

优化KOL营销策略的三点建议

1. 优化分享图文结构

新媒体营销需要"分享文"的辅助,而优化这种分享文章的图文结构能够放大产品的优点,吸引消费者的目光。

一般分享文主要是由推荐理由、产品功能以及优惠信息组成的,此时采用图文结合的方法能够带来一种较好的整体观感,有利于整体的转化。

与此同时,分享文通常是以产品合集推荐的形式呈现在消费者面前的,因此这种文章在定稿后应该尽快与各种平台和KOL争取清单首位,有助于获得理想的传播效果。

2. 评论区控评引导

现在很多用户在看完KOL的内容后会关注相关的留言或者评价,而且用户的留言往往会在很大程度上影响消费者的购买决策,因此在KOL投放后还应该引导和控制评论,做好相关的运营工作。

在实际操作中,我们可以事先准备好优质的留言,与KOL沟通好相关事宜,然后在KOL传播相关内容后在评论区占据舆论优势。

3. 实时用户舆情监控

用户的留言往往具有滞后性,品牌方在推广过程中要做好监控工作,以便找到阻碍用户购买的原因。对于一些黏性较强的中型KOL的粉丝以及用户画像稍有错位的粉丝,往往只需要"临门一脚"就能让他们做出购买的决策。

比如,如果我们在评论中发现某些用户犹豫不决,就可以联系KOL,让他们及时推送优惠信息,将这些潜在客户转化为消费者。不过,这对团队执行力的要求较高,因为这往往需要团队每天查看新增留言并且总结相关的数据,更新和优化内容,最重要的是要通过留言找到产品的结合点来促进进一步传播。

新媒体传播已经成了很多品牌的主要推广方式之一,但是由于传播方式和策略的不同,各个品牌利用KOL营销的效果也不同。只有促进KOL生产原创内容,促进传播的额外增量以及优化营销策略后,才能实现KOL营销效果的最大化。

第十章
打造10万粉丝的微信公众号

提到时下最热门的新媒体类型，相信许多人给出的答案都会是微信公众号。近年来，微信公众号的申请使用数量飞速上涨，并且保持着迅猛增长的势头。可以说，掌握了微信公众号的运营技巧，就等于将半只脚踏入了新媒体运营圈。

10.1 微信公众号的类型及优势

随着互联网的快速发展和移动智能电子设备的全面普及，微信作为现代社交平台的三巨头之一，可以说已然成了当下大众聊天交友必备工具和流量营销的主要根据地。近几年微信公众号的申请使用数量飞速上涨，并且保持着迅猛增长的势头。

这种狂热程度就像20世纪八九十年代人们对于喇叭裤和霹雳舞的热烈追捧，吸引着一批又一批英勇无畏的人们前来开疆辟土，大展宏图。为了能在运营微信公众号的旅途上少走弯路，我们首先应该对微信公众号有一个大致的了解。

接下来，我将从微信公众号的分类、如何选择公众号的类型以及微信公众号的优势三个方面来说说关于微信公众号的那些事儿。

■ 10.1.1 微信公众号的分类

鉴于微信公众平台主打"为每一个人提供创建自己品牌的机会"的服务宗旨，加上使用主体众多，因此基于用户群体间的需求差异性，微信公众平台为用户提供了三种公众号类型，在功能设置和产品服务上尽可能满足大部分用户的需求，用户可以根据自己的实际需求来进行选择。这三种类型分别是订阅号、服务号和企业号。

第十章 打造10万粉丝的微信公众号

微信公众号的三种类型

下面分别讲述一下它们的特点。

1. 订阅号

订阅号一般分为两类，一种是普通订阅号，另一种是认证订阅号。它们的主要功能同报纸、杂志相似，主要向我们传达新闻信息或者娱乐资讯。两者的区别在于是否通过微信认证。

订阅号每天可以群发1条消息，所发送的消息会显示在微信聊天记录界面的文件夹——"订阅号"中，点开"订阅号"就能看到我们关注的所有订阅号的列表，如果订阅号有新发送的消息，会在界面上部订阅号头像的左下角显示绿点。如下图所示。

订阅号新消息提醒

除了每日发送消息，我们还可以在订阅号的底部添加一个自定义菜单。用户可以通过点击自定义菜单，在公众号中找到有价值的信息。如下图所示。

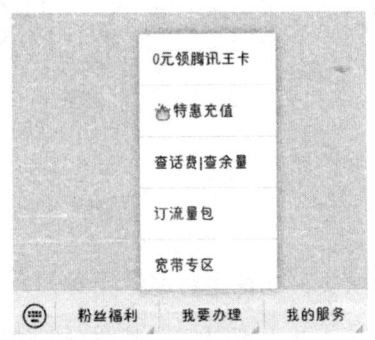

自定义菜单

认证订阅号和普通订阅号之间是包含关系。认证订阅号包含普通订阅号的所有功能，但不局限于这些功能，认证订阅号在很多功能上要比普通订阅号更强大。比如，认证订阅号的自定义菜单功能，它在底部菜单中可以直接放置到外部链接，这是普通订阅号所没有的。不仅如此，认证订阅号还能添加一些新的功能插件，如客服功能等。更为重要的是，一些高级接口的获得条件是必须通过微信认证，如客服接口、获取用户基本信息接口、获取"分享给朋友"按钮点击状态及自定义分享内容接口等。

总的来说，普通订阅号已经可以满足大部分用户的基本需求，如果想享受更专业的服务和功能设置，那就需要申请认证订阅号。

2. 服务号

服务号的使用主体一般是需要强大的业务服务与用户管理功能的企业或组织，主要偏向于服务类行业，其功能类似于12315，相当于企业在微信上建立的"客服平台"。

服务号的服务重点并不在于向用户传达消息，而是为用户提供服务，如服务号"中国农业银行"，只要关注该公众号并绑定银行卡，就能直接在微信平台享受查询余额等服务。如下图所示。

服务号的功能展示

服务号根据是否通过微信认证也分为两种类型：普通服务号和认证服务号。

普通服务号一个月只能发4条消息，但是并不会像订阅号的信息一样会被折叠，而是直接呈现在微信聊天界面中。认证服务号则是在包含了普通服务号的所有功能的基础上，有更高级的接口。例如，认证服务号可以在第三方平台上获取粉丝信息、提供网页授权等，还可以申请开通微信支付。

3. 企业号

企业号，是针对大型公司、政府或者事业单位开发的，主要用于公司内部通信。它的作用是帮助政府、企业及组织构建自己独有的生态系统，随时随地连接员工、上下游合作伙伴及内部系统和应用，实现业务及管理的互联化。如下图所示。

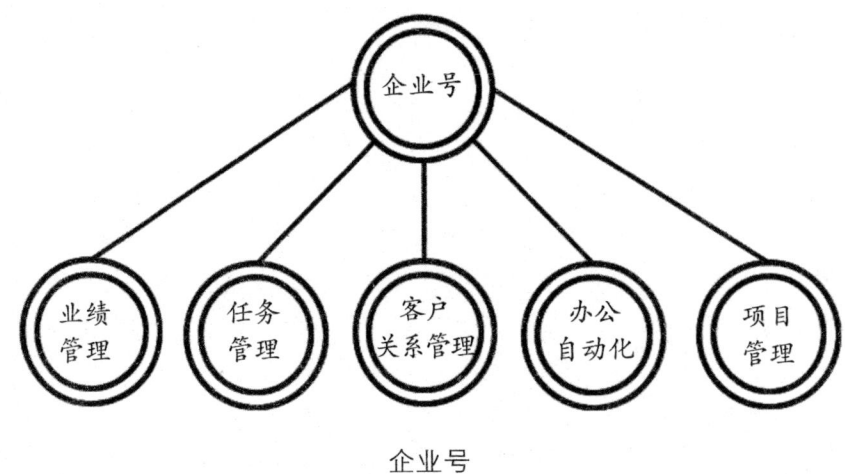

企业号

例如,将企业号应用在饭店的管理中,饭店领导可以随时随地了解公司的经营情况,并根据相关信息数据及时做出经营策略的调整;服务人员可以利用企业号直接查看饭店容客量,合理安排消费者的进餐次序及座位,并在公众号中及时更新饭店内的客流状态。

由于企业号主要的服务群体是特定的圈子,并不是面对普通大众,只有企业通讯录中的成员才能关注企业号,所以它的保密性极强,在微信的宣传营销中基本不会涉及企业号。

以上为大家介绍了微信公众号的三种类型,下面我们再通过一个表格对这三类公众号做一个总结和回顾。

三类微信公众号的区别

类型	订阅号	服务号	企业号
申请资格	个人、媒体、政府或其他组织	媒体、企业、政府或其他组织	企业、政府、事业单位或其他组织
自定义菜单	通过认证的订阅号可以有	有	有

（续表）

类型	订阅号	服务号	企业号
应用场景	自媒体	客服、微信小店	移动办公、上下游产业
主要作用	推广	服务	管理
群发信息	每天1条	每月4条	不限次数
微信位置	折叠	不折叠	不折叠
保密性	会出现在搜狗的微信搜索中	只提供给微信订阅用户，不在微信搜索中显示	订阅用户需要进行身份验证，保密性强
费用	个人无，企业微信认证每年300元	企业微信认证每年300元	企业微信认证每年300元

10.1.2 如何选择公众号类型

如果你是以个人身份来申请微信公众号，那么恭喜你，你可以免去在所有公众号类型中反复思考选择的痛苦，因为你只能注册订阅号。如果你不是以个人身份申请，那么同样也恭喜你，因为你在申请公众号的选择上毫无限制，可以自主地根据你的需求随意选择。不过你可能也会多一份如何选择的烦恼。

基于不同的运营目的和功能差异等问题，我们往往会思前想后，多方顾虑，想尽可能地选择出那个在今后的运营中能最大限度避免麻烦和失误的公众号类型。那么我们究竟要从哪些方面来考虑这个类型的公众号是否适合自己呢？

1. 做营销还是做服务

首先要想清楚，你运营公众号的目的是什么。是想进行商业营销还是为目标用户服务？

如果你的公众号日常运营是以信息发布和营销活动为主，那么显然订阅号更适合你。如新闻媒体，因为它们主要是为了给大众提供新闻资讯，所以它们大多选择的是订阅号。

如果你是想为目标用户提供一对一的深度服务，那就应该选择功能更为强大的服务号，这一类的使用主体大多以银行、电子商务企业、航空企业等需要向客户提供客服的行业和企业为主。它们可以在用户消费过程中不断给予服务性的提示，提供订单、行程、航班等信息，并给予及时提醒和查询的服务，同时提供实时的在线客服帮助。

2. 对文章打开率的重视程度

无论你是基于什么目的来申请微信公众号，最本质的目的还是需要向大众传递你的内容。如果你对于微信公众号的粉丝关注度以及内容阅读量比较在意，并且这些对你的公众号的运营情况有很大的影响作用，那么建议你选择服务号。

因为订阅号会被折叠在"订阅号"文件夹中，所以订阅号的打开率普遍较低；而服务号所推送的信息是直接显示在消息列表中的，所以打开率相对较高。

3. 认证难易程度

认证后的微信公众号虽然服务更优良，功能更齐全，但要享受这样待遇也是要付出"代价"的。以企业的身份进行微信公众号的认证，必须要提供能证明自己拥有待认证名称所有权的权威文件，即营业执照、组织机构代码证等。如果你一时无法提交以上资料，可以暂时选择普通订阅号，等到证件符合认证要求后，再将普通订阅号升级为认证订阅号，或者重新注册服务号。

基于普通号和认证号在申请难易程度上的差距，你可以根据自身的条件和功能需求进行选择。

10.1.3 微信公众号具有的优势

微信作为目前的社交平台三巨头之一,它的用户使用量自不必怀疑。微信公众号作为其主打功能之一,潜在的市场价值不可小觑。

现在,大大小小、不同功能、不同特色的公众号层出不穷,并且还有持续增长的趋势。究竟是何原因吸引了如此多的人来运营微信公众号?它的优势主要表现在以下四个方面。

1.微信信息的传播更加高效

微信作为一个营销平台,它也是一个目前使用人数最多的社交平台。信息在微信里传播的范围和速度,是很多传统营销媒介无法达到的。

2.公众号可以随时随地提供信息和服务

当下是一个快餐消费的时代,人们查看信息要求及时、扼要、明了。而微信公众号以使用群体最广的微信为平台,能借助微信天然的传播途径、互动等优势,达到营销传播效果,促进与用户之间的沟通与互动。同时它还能采取线上活动的方式,如刮刮卡、大转盘等功能来进一步增强营销的互动性和趣味性。

3.公众号具有丰富的媒体内容,便于分享

随着移动互联网技术的发展,新媒体技术在悄然渗透进我们生活的方方面面,微信就是其中的产物之一。它相较于传统媒体而言,可以依附于手机等移动电子设备被我们使用,不仅提高了使用的便捷性而且也能大大提高我们对时间的使用效率。

微信作为社交平台的另一大优势是,它不再局限于文本传输,语音、表情包、图片、视频等均可在上面传播,更加便于分享用户的所见所闻。同时再辅以"朋友圈"功能,通过转载、转发及"@"功能也能将内容分享给好友。

4. 微信公众号一对多传播，信息传送率高

微信公众号作为群发性信息载体，它的受众不是单独一个人，而是一个难以计数的读者群体，因此它的信息传播率和被观看率更高。如果微信公众号在进行内容推送的同时，再加上植入式广告的推广，也能产生不错的营销效果。

以上就是针对微信公众号的类型及优势进行的简单介绍，但仅仅靠这些信息就想在微信平台大展拳脚还是远远不够的。理论加上实践，你才可能收获更多的东西。

10.2 微信公众号如何运营

微信公众平台的口号是："再小的个体，也有自己的品牌。"事实上，它也确实做到了尽量满足每个个体的需求这一点。微信公众平台操作简单、通俗易懂，无论是黄发老人还是垂髫小儿，无论是商业大鳄还是寒窗学子，只要你略微懂得如何使用互联网设备，都可以在微信公众平台上畅游娱乐，享受生活。

但你的品牌是否能在微信公众平台上运营成功，成为粉丝过10万的微信大号，这就需要一定的功力和技巧了。本节将主要针对如何运营微信公众号的方法进行具体介绍，为你成功打造粉丝过10万的微信公众号助力。

■ 10.2.1 注重用户定位

不同的用户群体想在微信公众号上看见的点是不一样的。比如关于介绍衣物穿搭的内容，年轻人关注的点是时尚炫酷，老年人关注的点则

是宽松休闲。可见，微信公众号的推送内容是不能通用的，找到用户最想看到的点，对用户进行精准定位，才是运营一个能吸引粉丝的微信公众号的关键之所在。

微信公众号的运营者想快、准、狠地对用户进行定位，可以从用户的行为和属性这两个方面来考虑。其次，也不能忽视掉对于扩大用户群最具潜力的"种子用户"——那些机不离手、酷爱网上冲浪的年轻一代。

微信公众号的运营者在对用户进行定位时，并不是如没头苍蝇般毫无章法，也是有方法可循的。下面对用户定位的方法进行图解分析。

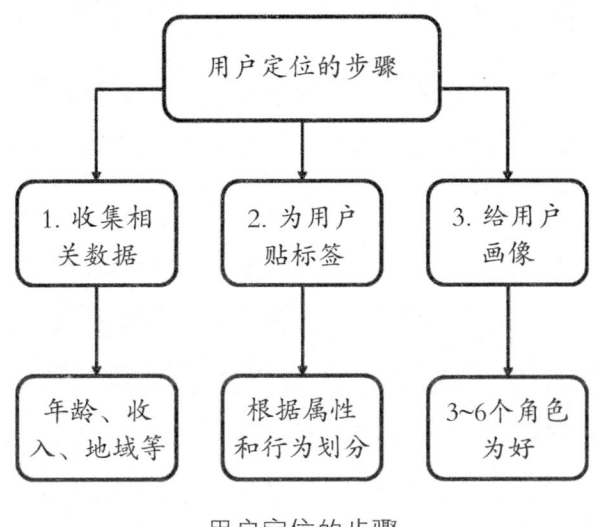

用户定位的步骤

■ 10.2.2 做好基础框架建设

微信背靠腾讯这棵大树，依靠其强大的后期运作能力和科技研发实力，形成了一套丰富多彩、功能完备的软件系统。要想在微信平台上混得如鱼得水，我们首先得了解一下微信这一款软件的基础框架，并做好自己的公众号的基础框架建设。接下来就为你简单介绍一下，微信平台提供给微信公众号运营者的四大基础功能。

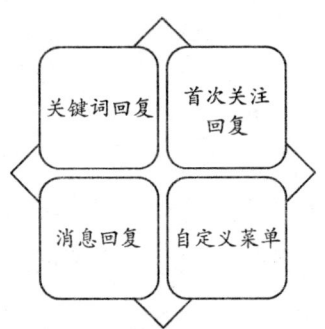

微信公众号的四大基础功能

1. 关键词回复

运营者基于公众号的基本特点及文章内容进行关键词设置，用户根据自己的需求输入关键词，系统能自动为其提供相应的服务和文章。

2. 首次关注回复

用户基于对公众号的兴趣和喜爱，选择关注公众号，此时就需要运营者设置一些有关公众号相关使用方法的简短介绍或其他的欢迎语，在用户关注后自动弹出相关消息，给用户留下一个良好的印象。

3. 消息回复

由于用户对公众号相关内容的不了解，可能会输入系统无法识别的关键词或者信息时，就需要运营者设置一些引导性的提示信息，系统会根据用户的操作自动弹出，帮助用户正确使用公众号的相关服务。

4. 自定义菜单

微信的自定义菜单对于一个微信公众号尤其是服务号来说是必不可少的功能，它可以让微信公众号像一个App一样，提供给用户更便捷的使用感。为了让用户有很好的体验感，提高公众号的使用率，运营者就需要不断地优化自定义菜单，进行更为明确的功能划分。

10.2.3 做好内容的规划建设

在建设完公众号的基础框架之后,我们就得来仔细斟酌一下公众号的运营内容了。空有服务周到的基础框架,却没有特色鲜明、引人入胜的内容的公众号,充其量只是个绣花枕头——徒有其表、一无是处。不仅仅是内容上,标题、排版模式等同样需要运营者去认真规划和思考,这样才能给用户提供最佳的使用体验。

那么在内容的建设方面我们应该注意哪些地方呢?简单来说可以分为以下四个部分。

1. 标题

根据观察可知,微信主要是以展示标题的形式向微信用户推送公众号更新内容。如果你取的标题,在用户一众关注的微信公众号中格外醒目又深入人心,还愁他不点开看吗?要想在标题的设置上一招制胜,就请看接下来为你提供的一份关于标题的简单介绍,了解究竟什么样的标题更能引起关注。

微信公众号标题类型介绍

有价值、有干货	《让你终生受用的美白方法》	《绝对干货,免费让你获得××的教程》
强调数字	《教你一个月减肥30斤的秘密……》	《我只用了200元,却通过网络赚取2万元,你想知道为什么吗?》
让人期待	《我怎样从一个什么都不会的民工变成了企业领导人》	《我从一个胆小鬼变成了充满自信的路演专家,你想知道其中的奥秘吗?》
提供时事热点	某明星出轨的事件	某地发生自然灾害

（续表）

恐吓人	《因为这些陋习，你每天都在走向死亡》	《你知道吗？有些水果不能这样吃》
专业权威	《马云绝不外传的企业经营之道》	《微信缔造者张小龙告诉你怎样做微信运营》

2. 内容

当我们精心构思，取了一个绝妙的文章标题后，就到了最为重要的部分——内容的撰写。标题只能为你带来用户一瞬间的驻足，要想真的留住用户的关注度和阅读量，关键还是在文章内容的质量上。在内容上如何才能吸引读者呢？

（1）积累素材很重要

内容是文章的主体，是文章的灵魂。要想写出优秀的内容，首先你得自己有"内容"。如果空有文章大纲和大概思路，却脑袋空空，毫无灵感，不知如何将想法实现，又怎么能写出一篇优秀的文章呢？所以，平时素材的积累很重要。我们应该多看新闻、书籍，多关注互联网的流量动态，大脑时刻保持在思考状态，养成记笔记的好习惯，有进才有出，有积累才能保证源源不断的灵感的输出。

（2）用户需求是关键

微信公众号上发表的文章不同于纯文学性的散文或者诗歌，它需要以流量为基础进行传播。这个时候，用户的胃口就很重要了。文不对味儿，会有人关注或者转发吗？我们要站在用户的角度去思考，什么样的内容他们愿意看、喜欢看，这样才能引发用户的认同和分享。

受用户欢迎、能得到巨大点击量和转发量的微信公众号的文章，其内容究竟是什么样的呢？它们都有什么共通点呢？下图为你列举了那些对用户胃口的文章内容的七大特点，希望能对你有所帮助。

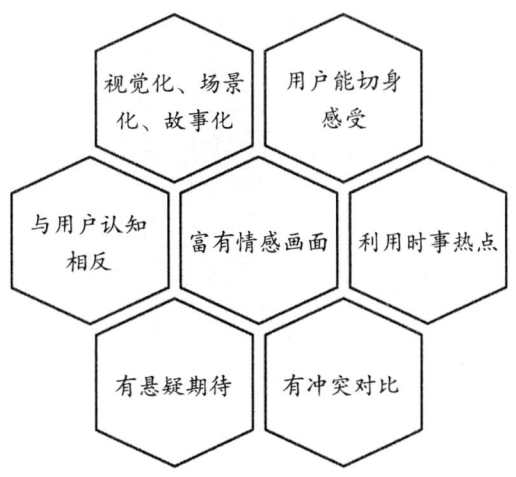

微信公众号文章内容的七大特点

3. 排版

细节决定成败。在你费尽心思、呕心沥血地完成了一篇"绝世佳作"后，最好不要骄傲自满，自此坐享流量之乐，因为你的文章中很可能存在着让你流量之梦成空的弊病——排版混乱。排版混乱的文章不仅会给用户造成阅读上的障碍，而且还会让他们对你的能力和文章的可靠性产生怀疑，久而久之可能就没人看你的文章了。

所以，美丽的灵魂固然重要，但华丽的外表同样也能决定成败。下面就将排版的几个常规小要求列举出来，看看你在文章撰写的时候是否有纰漏呢？如下图所示。

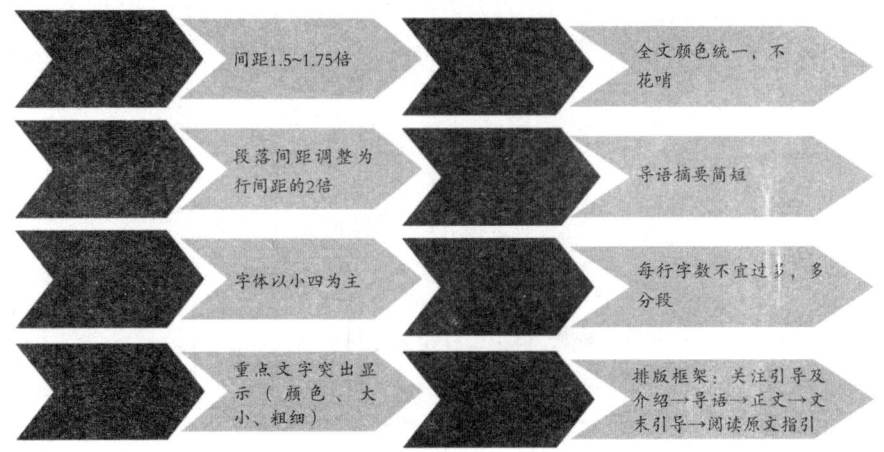

文章排版要求

4. 推送时间

在你过五关斩六将，好不容易撰写出了一篇"绝世佳作"，灵魂和外表齐美只差点击"发表"上传到微信平台时，请等一等，麻烦你花一秒的时间看一下现在是几点。为什么呢？因为文章的推送时间也是影响微信公众号文章的阅读量和点击量的一大因素，我们的推送时间应当要符合用户的阅读习惯。大概可将其分为四个时间段，如下图所示。

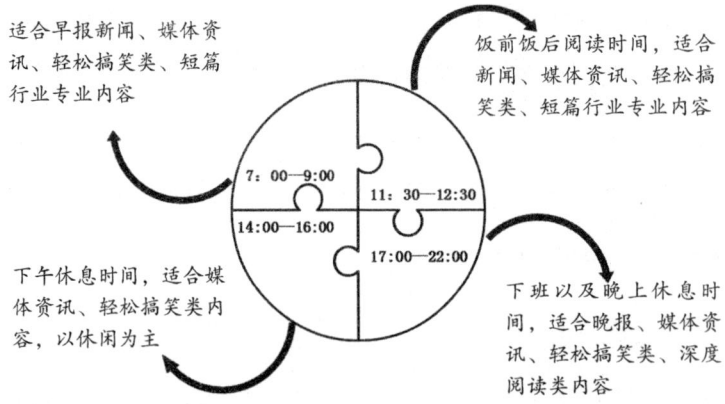

微信公众号文章推送的四个时间段

10.2.4 重视推广

运营微信公众号最本质的目的就是获取最大范围的粉丝关注,进而吸引到铁杆粉丝,并进行相关的服务和维护工作。所以,微信公众号的推广就变得极为重要。既然推广如此重要,那么我们有哪些渠道可以进行公众号的推广,获取粉丝关注呢?接下来为大家介绍最常见的九种推广渠道。

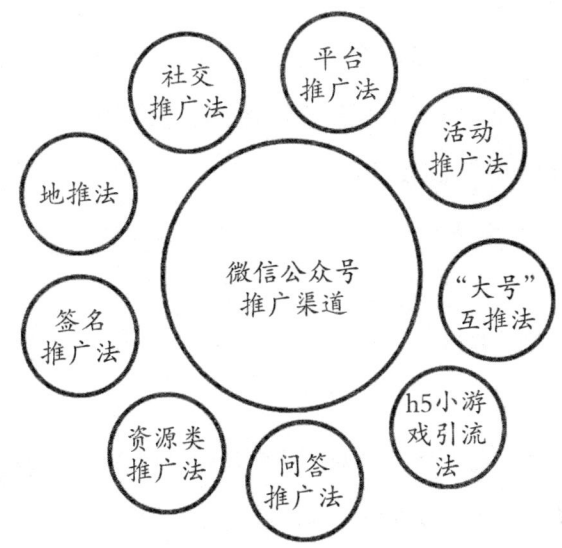

微信公众号推广的九大渠道

1. 社交推广法

作为拥有巨大用户量的线上社交软件的衍生物,微信公众号从出生起就含着"金汤匙",微信群、朋友圈、QQ群、QQ空间等,它的"近亲"们都是进行推广宣传的得力助手。利用自己的线上社交圈,依靠熟人、朋友进行推广,对公众号的宣传和传播起着很重要的作用。

2. 平台推广法

跳出腾讯圈外,也有各式各样的社交宣传平台,比如知乎、豆瓣等，我们可以在合理、合法的情况下，在其他平台的文章内插入微信公众号的二维码，吸引读者的好奇心，最后推荐关注微信公众号。

3．活动推广法

商品售卖最常采用的促销活动其实我们也可以拿来活用成一种进行微信公众号推广的手段——线上奖励活动。活动本身并不是吸引大众关注的关键，最核心的部分还是设置的相应的奖励。这个奖励可以是生活的必需品，比如水杯或纸巾等；也可以是非常有诱惑力的奢侈品，比如限量版球鞋等。但前提是活动参与门槛一定要比较低，比如关注即可拿到小礼品，分享即可领取红包等。

4．"大号"互推法

敌人的敌人就是朋友。"大号"之间虽然看起来硝烟四起，是无法化解的竞争关系，但其实也是最佳的宣传伙伴。有一定的粉丝基数，活跃度较高，目标用户大体相同或者有重叠的微信公众号之间可采用微信账号互推的方法，写明微信公众号的定位和内容介绍，用文字去吸引用户去关注，达到互利共赢的宣传推广效果。

5．h5小游戏引流法

谨慎使用微信朋友圈爆火的h5页面，在页面下方附带微信公众号的二维码和名字等信息，也是一种很好的带来流量的方法。

6．问答推广法

除了社交软件外，现在使用度最广的是各种能进行问答互动的互联网平台，比如微博、知乎等。在这些互联网平台上，回复提问网友的信息，再附带上自己的微信公众号信息，帮助大家解惑的同时也为自己引流。

7. 资源类推广法

以百度网盘为代表的各大资源下载平台，也是一个进行微信公众号推广的不错选择。这类需求量比较大，效果较好，如果在文件里写上自己的微信公众号和二维码信息，相信也能带来不小的关注度。

8. 签名推广法

简单来说就是在你上传到各大互联网平台的东西上，加上自己微信公众号的logo水印，展示在比较明显的位置，达到宣传推广的效果。

9. 地推法

在小区门口，"关注即可领取礼包一份"，如果你看到这类宣传语，那就是在使用"地推法"宣传微信公众号了。这种推广方式效果不错，但是成本较高，也需要事先下功夫找准目标用户。

■ 10.2.5 做好数据评估与总结

微信公众号作为一个新媒体技术的产儿，同传统传播载体不同的是，它不仅仅是一个展示个人才能的平台，在日常内容的撰写和推送工作的背后，我们还需要花费一定的时间关注它的运作状况，最好每周都能抽出固定时间对微信公众号的相关情况进行数据搜集和分析诊断。下面列出一些简单的必查项目，你可以以此为参考，对你运营的微信公众号进行数据评估和总结。

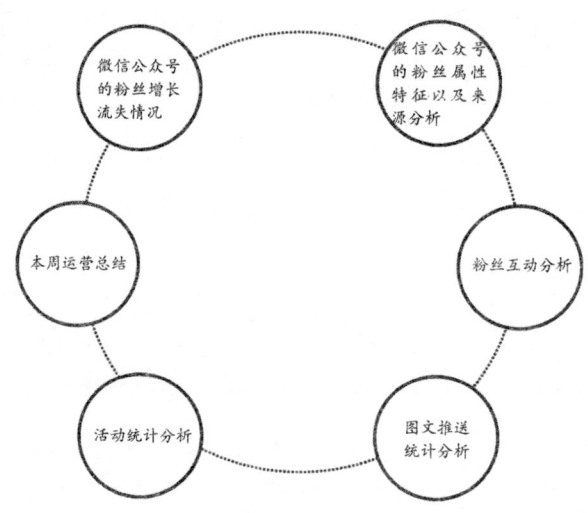

数据评估与总结的六大必查项目

1. 微信公众号的粉丝增长流失情况

以一周为时间单位,对这周的新关注人数、取消关注人数、净增关注人数、累计关注人数等进行统计,通过获得的数据,分析一周内公众号推送内容的阅读情况,得知用户的基本阅读喜好,调整下周的内容主题。

2. 微信公众号的粉丝属性特征以及来源分析

根据粉丝的属性特征,比如平均年龄、男女比例等,再结合同粉丝的互动情况、粉丝的关注渠道等信息,综合分析,绘制用户画像,了解公众号的受众群体的基本特点。

3. 粉丝互动分析

统计自定义菜单栏的点击次数和关键词搜索的基本情况,有针对性地调整自定义菜单栏和关键词。

4. 图文推送统计分析

送达人数、阅读量、阅读率、转发数、转发率等信息是我们了解公众号运营情况的重要信息来源。以此为据，可以大概对公众号的流量定位和发展方向有一个初步规划和思路。

5．活动统计分析

如果你在微信公众号的运营中策划了相关的线上或线下的互动活动，那就需要统计在举行这些活动期间的粉丝增长情况、互动效果、推广费用等数据，为后期的活动策划和公众号的发展提供参考依据。

6．本周运营总结

你在一周的运营过程中，有什么收获，又遇到了哪些困难？公众号还有哪些需要改进的地方？为了能让公众号长久地、更好地发展，就需要我们每隔一段固定时间就对公众号的运营情况进行反思和总结。

■ 10.2.6 掌握一定的营销方法

基于能让用户更便捷地参与线上或线下活动、查看相关互联网信息的一系列功能，我们能看到微信具有很强的媒体属性，且具有更高效、更广泛的营销宣传效果。

微信营销是怎样在一众宣传途径中寻找到突破口的呢？

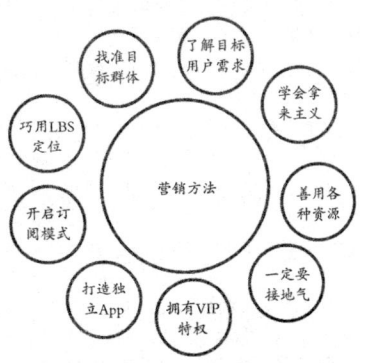

微信公众号的九种营销方法

1. 找准目标群体

微信公众号如果想要通过微信平台达到营销和盈利目的，就需要根据目标用户的相关特点和喜好来制定具有针对性的内容，再根据不同用户间存在的个体差异性，去进一步规划相应的实现措施。

如下图所示，世界级奢侈品牌古驰（GUCCI）的微信公众号给用户推送的消息全部都是围绕着品牌进行，用明星效应和品牌文化打造出完美的品牌形象和超高人气。

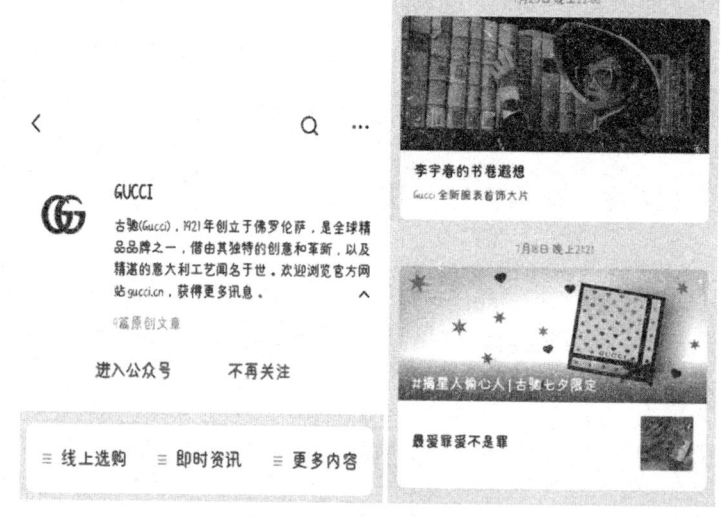

古驰（GUCCI）的微信及推送内容

2. 了解目标用户需求

对于一个微信公众号来讲，目标用户的需求是至关重要的。只有知其所好，才能投其所好，从而留住他。如果一个微信公众号推送的内容乏味、过时又古怪，并不是目标用户喜欢或者愿意接受的，那么这些内容对于提升公众号热度和形象来说毫无意义甚至可能会成为累赘，阻碍公众号的发展。因此，只有了解目标用户的真正需求，投其所好，才是打造出一个粉丝过10万的微信公众号的重要基石。

下面给微信公众号的运营者提供几个关于如何定位目标用户的真实需求的方法。

首先，要与目标用户保持良好的互动交流关系。

其次，利用微信的即时回复功能，自动应答，及时帮助目标用户解答问题。

最后，感情牌的使用也很关键，通过人文情怀留住目标用户，满足他们的情感需求，增加目标用户的黏性。

3．学会拿来主义

当下优秀、流量大的微信公众号层出不穷，它们有的内容惊人、抓人眼球，有的文风迷人、令人钦佩，有的模式创新、引人关注，各式各样的运营手段和方法在微信平台上运用得虎虎生风，令人大开眼界。窗外万紫千红开遍，窗内的你怎能罔若未闻、故步自封呢？我们需要学会借鉴成功者的经验和方法，取其精华，去其糟粕。通过借鉴和学习，不断完善自己的微信公众号的运营，为成功变身为粉丝过10万的微信"大号"添砖加瓦。

4．善用各种资源

知己知彼，才能百战百胜。想在微信平台上大展拳脚，快速吸粉，了解清楚微信的各种属性和功能是必做的功课。类似摇一摇、二维码、查找附近的人、LBS、朋友圈等功能，如果运用熟练，都可以成为提升微信公众号知名度和热度的强劲助力。

5．一定要接地气

微信公众号主打的是线上推广的相关内容，要想吸引更多忠实的粉丝，就需要微信公众号推送出更鲜活、更接地气的内容。这样会让目标用户感受到真实感和亲和力，对公众号产生更大的好感。要想让微信公众号能够接地气，可以在完成日常内容推送任务之外，经常给目标用户一点奖励，如优惠信息、抽奖活动等。同时，也可以根据不同的目标用户关注反馈度，举行线下活动，促成线上线下的有机结合，提升微信公众号的粉丝热度。

6．拥有VIP特权

给目标用户提供更多特权和增值服务，让其享受超越普通用户的超值体验，即所谓的VIP特权。用户在通过一系列流程获得升级为VIP资格后，微信公众号的运营者就可以针对VIP用户，设计一些具有特色的VIP服务。例如，拥有VIP特权的目标用户能享受超前资讯推送、更大折扣的优惠服务等。提供更优质的服务和至尊的享受，来达到提升微信公众号的形象和拉近与目标用户间的距离的效果，是让公众号快速涨粉的一大利器。

7．打造独立App

随着智能手机和互联网的快速普及与发展，App的市场前景也一片大好。如果你的微信公众号能像独立的App那样专业、服务周到、人性化，拥有十分完善的操作体系和优良的使用感，就可以让目标用户因为能够省去下载安装App的时间和精力来关注微信公众号，从而给微信公众号带来更高的关注率。

例如，湖北联通的用户就可以直接利用微信平台，参与各种优惠活动，还能享受到线上套餐订阅、话费流量查询等服务。如下图所示。

第十章 打造10万粉丝的微信公众号

湖北联通微信公众号

8. 开启订阅模式

对于很多微信公众号的运营者来说，微信不仅是一个聚焦流量的平台，也是一个给他们带来致富希望的宝地。主要分为商品营销和内容推广两种模式。后者多数是个人经营，没有庞大的后期运营组织，但是却拥有超高的人气和坚实的粉丝基础。如果能开通微信公众号的订阅功能，让目标用户一键订阅，当公众号的最新内容一发布，目标用户就能收到更新提醒，不仅免去他们重新翻找的麻烦，同时也能保证公众号的推送内容能被最大限度查阅，留住用户关注度，提升内容阅读量。

9. 巧用LBS定位

LBS是一项基于位置的服务。利用LBS功能，可以通过获悉微信用户的地理位置或日常消费习惯等信息，根据地理范围，向微信用户推荐近距离范围的商家信息，使其省时又省力，得到相应的服务。再加上微信移动支付的设立，微信用户可以直接通过微信平台，进行相关的产品交易。熟知LBS定位功能的操作流程和相关内容，在有限的时间和范围内向目标用户精准推送微信公众号的营销内容，是提升微信公众号的浏览量与热度的一记良策。

以上为大家介绍了九种运营微信公众号的方法，希望各位微信公众号的运营者能从中获得启发，学以致用，为成功打造出粉丝超过10万的微信公众号踏出坚实的一步。

10.3 微信公众号运营需要把握的六大核心能力

你呕心沥血运营的微信公众号为什么无人关注呢？看看别人满面红光，喜气洋洋，再看看自己灰头土脸，黯然神伤，究竟是什么原因造成了你与别人的差距呢？

其实，别人的风光，并没有你想象的那么难得到。要想在众多的公众号中脱颖而出，你需要的只是为你苦心构思的优秀内容配上一套"行头"——设计。运营与设计的完美结合，是打造一个粉丝爆棚的微信"大号"的标配。下面就从运营和设计两个方面，来谈谈微信运营需要把握的几大核心能力。

■ 10.3.1 超强的目标人群调研能力

在我们决定运营一个有生命和有上进心的微信公众号的同时，我们所要考虑的不仅是如何撰写文章、发表文章的问题，最关键的第一步应该是要调查清楚我们的公众号的目标人群的基本情况。投其所好地进行公众号的日常运营，才能达到事半功倍的效果。

作为一个微信公众号的运营者，你需要具有极强的目标人群调研能力。要想了解清楚目标用户的阅读喜好、年龄层、知识文化水平等方面的信息，看似是个庞大烦琐的工作过程，其实只要掌握了相关技巧，便可轻松地迎刃而解。以下给出几点建议，希望能帮助大家。

1．后台下手找触点

粉丝地区分布、男女比例分布等，我们可以从微信公众平台后台了解并分析相关信息。

2．趋势总结最重要

以一周或一个月为时间单位，对微信公众号的文章阅读量进行趋势分析，可以了解用户的内容喜好。

3．注册表单知喜好

给运营的公众账号做一个注册表单，也是我们根据相关数据对微信公众号进行分析和改良的途径之一。

以上我们给出了做微信运营目标人群调研的几个方向，那么，在这个过程中，我们又该如何提升自己的调研能力呢？

对此我们有两点建议。

（1）找专业网站来帮忙

以We Are Social为代表的相关网站，会定期发布一些专业报告、各大公司的报告以及行业洞察，里面有很多用户行为、用户画像的调研报告，可以为我们运营微信公众号提供相关的参考数据。

（2）活动也可多举办

微信公众号是一个线上推送平台，用户分布范围极为广阔，如果我们利用举办活动的方式，将这批人中的一部分聚集起来，可能就会培养出一批铁杆粉丝，促进微信公众号的发展。

10.3.2 敏锐的数据洞察和分析能力

微信公众号运营者同传统传播载体的负责人的一大不同点在于，微信公众号的运营者需要付出更多的时间和精力在查看后台的数据情况上。面对庞杂的数据，你知道哪些是对公众号成长有用的吗？你能快速筛选出你需要的信息吗？你能洞悉这些数据都反映了什么信息吗？要想解决以上问题，就需要微信公众号的运营者具备敏锐的数据洞察和分析能力。

在养成这种能力之前，我们需要明确的是，该关注哪些信息，为什么关注这些信息呢？请看下图。

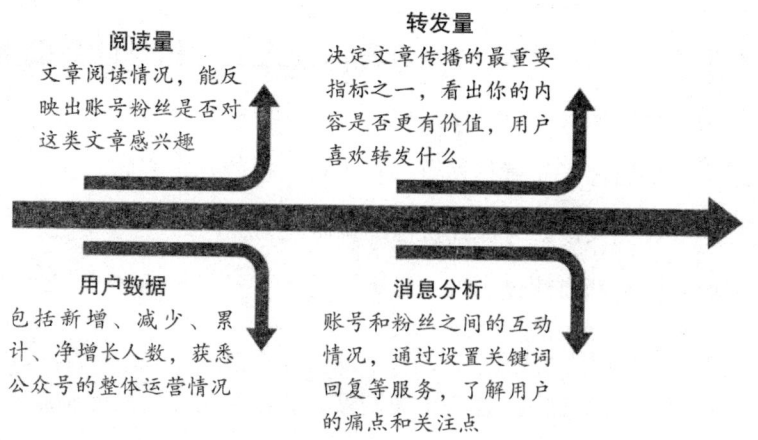

需要关注的四大数据源及其作用

在了解了需要关注哪些信息及其作用后，我们就该聚焦如何系统有效地培养这种能力了。且看以下两个小窍门，让你轻松具备敏锐的数据洞察和分析能力。

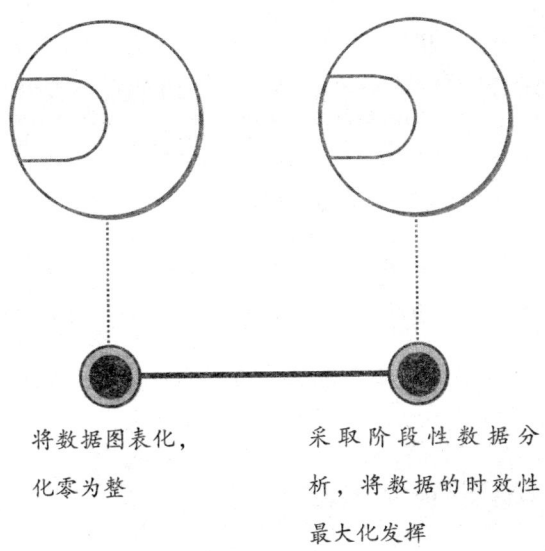

具备敏锐的数据洞察和分析能力的两种窍门

10.3.3 以用户为中心的产品运营能力

作为微信公众号的运营者来说，在保证公众号正常运转的前提下，也需要从用户的实际需求、体验感受等角度去思考如何优化公众号的设置服务，解决用户在实际使用过程中可能会碰到的障碍。即应当具备以用户为中心的产品运营能力。我们该怎么做，才能具备这种能力，并将其运用到公众号的运营中，使公众号朝更好的方向发展呢？做到以下两点很重要。

一是通过互动与交流找到用户的实际需求在哪里。

二是寻找一款配合你实现精准管理的工具，节约时间和精力，快速对用户进行定位画像。

在初步具备了这种能力后，我们又该如何提升并维护它呢？

其实学习借鉴就是一个很不错的方法。多看看别人是怎么做的，取其精华，去其糟粕，同时也要提高自身知识储备量，帮助自己成长。

每个品牌，每个产品，包括每一个微信公众号拥有一个独特的人格和鲜明的形象是必不可少的。它不仅可以帮助你的品牌在市场上有独一无二的认知，与其他同类品牌有所区分，还可以给用户留下深刻的印象，建立情感连接。正所谓"人靠衣装马靠鞍"，除了保证公众号的内容质量外，一个优秀的微信公众号运营者还应该打通感性思维的"任督二脉"，这就离不开对排版、色彩、图片等设计知识的掌握和理解。只有将运营的精神实质和设计的思维方式融入骨子里，才能玩转实操的各种技法，真正服务于品牌与价值。

■ 10.3.4 超凡脱俗的排版能力

如果内容是一个微信公众号的灵魂，那么设计和排版就是一个微信公众号的皮囊。杨澜说"没有人愿意通过你邋遢的外表去看你美丽的灵魂"，足以看出，外表对于形象的塑造作用也是不可忽视的。微信公众号的设计和排版不仅需要掌握电子设备的使用技能，还需将市场营销中"需求""目标定位""价值与满意""传导效果"等因素都融入设计和排版中。让我们在了解受众真正的渴望和需求的基础上，从理解用户、满足用户的角度出发，考虑实际排版。

以下是结合具体实践列举的一些排版实操技巧，希望能对你在进行微信公众号的排版时有所帮助。

1. 文字排版

微信文字主要有对齐、居中、居左这几种排版方式。

对齐排版：能够避免字与字、句与句和段与段之间出现难看的缝隙。对齐排版的使用能让文章内容显得稳妥，给人一种安全的感觉，易于阅读。

居中排版：给人的感觉相对正式、高贵、稳定，运用到文章中能体现内容上的精致感。

居左排版：适用于强调断句的内容，比如诗歌等。

2．慎用斜体和下划线

许多微信公众号运营者在编辑图文的时候都会选用斜体和下划线的方式，将重点语段标注出来，实际上过度地使用斜体和下划线的效果，会影响到文章的美观与阅读感受，从而扰乱用户对信息的理解。因为斜体会让字体变形，当阅读者难以识别时可能会选择直接跳过，放弃阅读。而下划线在屏幕面积较小的移动端，也易影响读者的阅读速度。所以在日常排版中，要慎用斜体和下划线。

3．改变字体颜色或加粗

上文提到斜体和下划线使用不当会给文章造成负面影响，那当我们遇到确实想要重点突出的内容时，该怎么办呢？不妨试试改变字体颜色或加粗。

关于设计和排版的相关技能还有很多，受限于篇幅限制，在这里就不一一赘述了。如果你还想强化一下相关的技能，不妨多去看看相关的专业书籍，一定能有所启发。

10.3.5 和谐相生的配色能力

排版的问题已经解决了，那还有没有其他方法让我们的文章更鲜活、更有吸引力、更美观呢？色彩的把控与调整的相关知识此时就派上用场了。建立在对用户的精准定位的基础上，加上配色技巧的使用，可以增加文章的美观感受，烘托文字的感染力。以下就配色的具体技巧，给出一些建议。

1. 色彩关系

斑斓的色彩世界看似毫无线索,其实内在都有千丝万缕的联系。下面就向大家介绍三种微信公众号编辑常用的色彩关系知识,如下图所示。

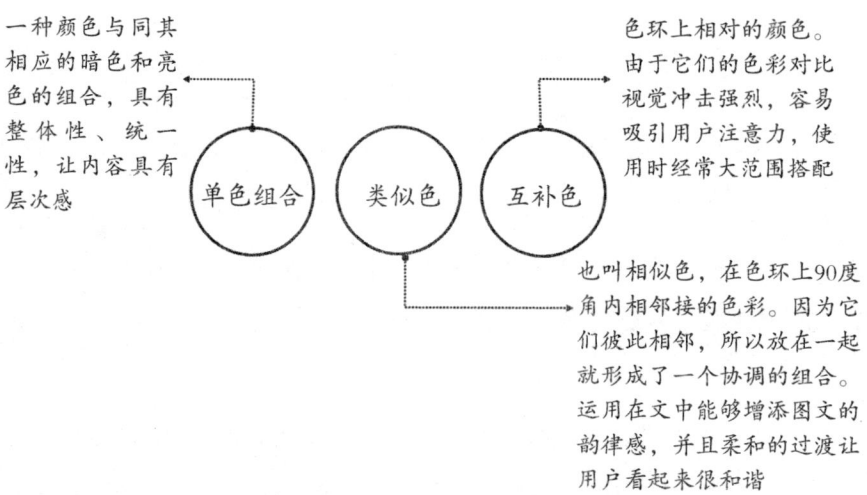

三种微信公众号编辑常用的色彩关系知识

2. "小白"配色法

作为普通的微信公众号运营者来说,专业的色彩学知识需要耗费大量的时间和精力去学习和钻研,那有没有适合美学"小白"使用的配色方法呢?

(1) 利用好你的品牌主色调和图片

如果你运营的公众号有自己的主色调的话,你可以将其颜色应用在你的内容编辑中。

如果你还想在主色调的基础上让公众号的内容更美观、更有吸引力,只需要提取出你的主色调中的某一颜色,并利用单色组合和类似色的方法。

（2）利用好网上的素材

网络最大的便利，就是可以让你足不出户、手不离桌便能得到自己想要的信息。我们也可以将这种方法运用到公众号的配色过程中。只需要平日多搜集一些色彩搭配好看的图片，然后将里面的颜色用于自己的编辑工作中。

但一篇内容中的色彩搭配注意不要超过三个，并且还需要保持颜色的整体协调，避免用户在阅读的时候产生视觉疲劳。

（3）配色神器的使用

Adobe Color CC是目前市场上使用最广的一款配色软件，它不仅根据色彩规则有多种分类(单色、对比色、类似色等)，还会直接给你提供多种色彩搭配方案，简单好用易上手。

10.3.6 火眼金睛的配图能力

排版、配色的问题都解决了，还有什么是运营微信公众号需要掌握的能力呢？在你问出这个问题时，肯定是遗忘了公众号最好的内容伙伴——图片。图文结合是当下各大公众号最常使用的内容呈现形式。此时就需要你那火眼金睛般的配图能力登场，为文章选择最适合、最具有艺术感和美感的图片。那么如何选择这样一张天作之合的图片呢？在这里，也有几个小技巧要分享给你。

1. 选取一张合适的图片

拿实景照片来举例，色彩鲜明、明暗对比强烈的图片更容易吸引用户的注意力，所以在选择图片的过程中，尽量选取具有这些特点的图片。如果实在找不到满意的图片，也可以通过后期P图，改变其对比度、饱和度和色相来做调整。

2. 提高审美

技巧再多，归根结底的决定因素还是个人的审美能力。要想提高审美能力，可以采取经常参加美术展览、设计展览等活动或者有意收集具有美感的图片等方法，来熏陶个人的审美情趣，达到提升审美能力的目的。

第十一章
异军突起,玩转直播营销

　　直播作为新媒体的后起之秀,一经推出,便凭借着自身不可比拟的优势火了起来,成为和微博、微信并驾齐驱的三大新媒体之一。那么,直播究竟具有哪些优势?作为新媒体运营者,我们又该如何玩转直播?未来,直播又将呈现出怎样的发展趋势?阅读本章内容,或许你会找到答案。

11.1 直播营销的发展现状及优势

随着互联网的发展，媒介的数量日渐丰富，而传统媒体越来越无法适应媒介市场的发展要求。同时，随着媒介生态系统的变化，人们不再只是被动地接收信息，他们更希望能够主动参与信息的传播。

智能通信设备的普及正好满足了这一需求，平板或者手机能够让人们实时参与直播互动，成本低，方便快捷。因此通过直播平台进行营销具有天然优势，效果也是有目共睹的。

那么，究竟什么是直播营销呢？

所谓直播营销，顾名思义就是用直播的方式进行营销。直播营销作为新兴的直播方式，背靠各种发展迅速的直播平台，以达到打响品牌知名度、提高商品销量的预期目标。

可以说，直播营销是如今非常风靡与非常重要的营销方式，在本章我们就将和大家一起来聊一聊直播营销的相关话题。首先，我们先从直播营销的发展现状和优势谈起。

■ 11.1.1 直播营销的发展及现状

要想了解直播营销究竟是如何兴起的，以及它如今的发展现状，我们还是要从营销方式的发展谈起。

1. 营销方式的发展

网络营销始于企业网站，后来发展成为邮件推广，比如在邮件中加入公司的网址。邮件营销得到广泛使用后，网络广告便应运而生，最常见的就是超链接广告、弹窗广告、视频广告等。网络广告突破了传统媒体营销的固定模式，同时具有实时可控性、开放性以及双向交互性的特点，拉近了品牌与消费者之间的距离。

博客的出现进一步促进了网民之间的交流，随之而来的就是博客营销、微博营销、微信营销等。这些平台的用户数量在很大程度上决定了营销的效果，而用户的数量正是由平台的体验决定的。直播平台良好的感官体验让其得到了迅猛发展，自然也就出现了直播营销。

PC端最早出现的是秀场类直播，紧接着出现了游戏直播，不过，企业的直播营销却一直没有出现。斗鱼或者YY的大主播通过直播宣传自己的淘宝店，他们淘宝店一年的流水可达亿元级，由此可见直播平台的营销潜力。

到了2015年，花椒、映客等移动端App开始出现在人们的视野中，以秀场内容为主。比如花椒曾做过明星的婚礼直播，定期做发布会直播；微吼专门做讲座直播；杜蕾斯曾做过非常成功的营销直播，吸引了很多观众。直播营销已经成了企业或者个人营销的新形式。

2．直播营销的发展

全民直播的风潮从2015年开始兴起，各类直播软件如雨后春笋，同时也涌现了一大批形形色色的当红主播，比如靠吃播走红的大胃王密子君；靠养殖竹鼠直播走红的竹鼠兄弟；靠美妆直播走红的李佳琦等。

同时，很多行业也看到了这一商机，选择直播平台来进行商品直播、秀场直播、发布会直播、课程直播等直播营销，直播无可争议地成了新的指向标。一直到2019年，十大排名前列的直播平台分别为：斗鱼TV、虎牙直播、熊猫直播、六间房直播、战旗TV、秀色秀场、来疯直播、新浪秀场、腾讯直播、酷狗直播。庞大的观众数量给予了平台发展的用户支撑，奠定了直播营销的基础。

移动直播作为传统直播的一个分支，虽然由于媒介的转变导致下载人数和受众不及传统直播，但移动直播的发展速度远超于传统形式的直播。以花椒直播为例，在运营半年以后用户人数就达到了3000多万，涨幅惊人。在2016年花椒明星养成计划直播首播当日，直播间观众超过120万；同年聚美优品的花椒直播营销推广中，人气明星杨功现身聚美优品直播间，当晚在线人数突破300万。

这些数据足以说明新媒体产品移动直播平台营销的发展非常乐观，大众也乐于接受直播这一新型信息传播方式。

■ 11.1.2 直播营销的优势

移动互联网的发展催生了直播这一新的信息传播方式，智能手机的发展更是让其如虎添翼，直播营销也开始走进大众的视野。那么与其他媒介相比，直播营销究竟有哪些优势呢？我们不妨从直播营销自身的特点及其与其他营销方式的比较分析两方面谈起。

1. 直播营销自身的特点

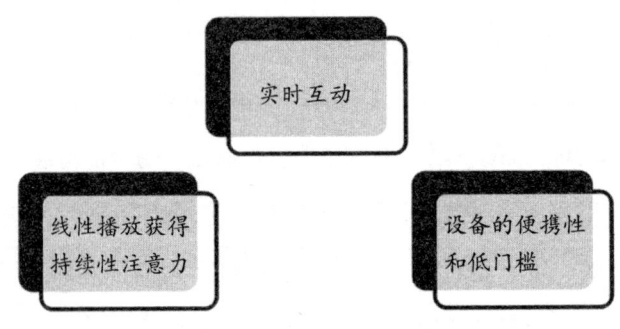

直播营销的自身特点

(1) 实时互动

直播本身就具有实时互动的特点，观众也能通过实时弹幕与主播进行交流，直播营销中也同样如此。

例如，ULOOK是一个移动互联网直播平台，其中的内容都是由播客生产的，用户只要下载App，注册后就能成为播客，发起直播。ULOOK曾在七夕情人节发起一个实验，即"一只'单身狗'用多长时间才能和100个妹子合影"，用一部手机在两个小时内不间断直播。这场直播吸引了上千名观众在线收看，而且观众也能通过弹幕与播客进行实时交流，帮助参与者完成任务。

花椒和映客会组织平台上的当红主播前往明星发布会的现场，直播或者录制专访的现场，这样就能让用户以第一视角参与活动。同时，主播也可以在直播中回答观众的提问，从而实现信息的实时交流，不会造成信息传播出现偏差。

(2) 线性播放获得持续性注意力

心理学家将媒介视为玩具，认为人们接触媒体的主要目的是消遣和娱乐，大众传播则是一种游戏性的传播。在这种游戏性的传播中，不会存在工作性传播中的功利性压力，因此观众在参与过程中是主动积极的，即使在过程中存在困难和阻碍，会让人持续性地付出时间和精力，但是这种主动参与的心态也会让参与者获得愉悦感。

现在是一个信息爆炸的时代，社会上充斥着各种各样的信息，注意力变成了一种稀缺资源，大众的注意力变得越来越有价值。而从传播的角度来说，如果没有引起人们的注意力，那么传播就是失败的，因此这是一个注意力经济的时代。移动直播具有的线性、互动性和便携性等特点，抓住消费者的目光在事实上就已经实现了营销目标。

(3) 设备的便携性和低门槛

相关数据显示，大部分用户都是通过智能手机观看直播的，而新兴直播平台的崛起也让自主直播成为主流，使得直播平台获得了上千万的活跃用户。

传统的电视媒体直播都是采用专业的设备完成的，直播对于普通人来说遥不可及。现如今，大量直播应用在移动端得到了广泛应用。很多直播平台，例如大象和映客，鼓励人人做主播，这样的理念在很大程度上降低了直播的门槛。而智能手机的不断发展也是移动端直播的基础，网络技术的优化也降低了直播的成本，这些条件给移动端直播的发展提供了很大的发展空间。

2．直播营销与其他营销方式的比较分析

互联网的发展为营销带来了无限可能，几乎每一种新的互联网应用都会带来一种新的营销方式，这些营销方式随着科学技术的发展以及平台的特性呈现出各自的特点，简单地把其他平台的营销模式适用于直播营销的做法并不可取。因此，将直播营销与电视媒体、短视频营销对比来看，更有助于发现直播营销的优势。

(1) 与电视媒体的比较

传统的电视营销是以一种节目的形式呈现的，而编导的组织和结构无法照顾到每个受众的需求和价值取向。即使随着技术的发展电视直播的方式越来越多样化，但实质上它仍然是点对面的传播方式。

移动直播则不同，它为受众提供了一个可以交流和反馈信息的虚拟平台，与传统的电视营销相比更加开放。直播的内容和形式也比电视营销更加丰富，主播讲解的同时，观众可以通过弹幕提出问题并得到及时的回答，更有利于双向互动。

(2) 与短视频移动应用的比较

papi酱以及艾克里里的爆红是短视频爆发的标志。而快手、秒拍这类短视频平台则是网红经济的孕育起点，这些平台的App中有几十种滤镜、背景音乐以及剪辑模式，普通用户就能制作出比较精美的短视频。硬件设备的支持以及碎片化知识的泛滥给短视频营销的发展提供了最好的机会。

短视频的优点在于操作简便，易于传播分享以及观看门槛低，当然其缺点也是显而易见的，即短视频的长度是有限的，只能传播比较少的信息。那么直播营销与其的区别在于何处呢？

事实上，直播不仅能带给人一种身临其境的感受，同时也能持续地输出信息，信息的传播量非常大，非常适合时间长、规模大的营销活动。

此外，直播营销的优势还在于，这种带有仪式感的播出形式，能够吸引一批志同道合的人聚集在一起，推动情绪的互相传递，形成一种氛围。如果品牌方能够利用这种氛围适当地推波助澜，那么其营销效果一定事半功倍。

随着互联网上商业形式的不断发展，消费者越来越注重内容，直播行业也不例外。在前期用户被吸引过来后，如果没有优质的内容，用户很快就会因为失去新鲜感而流失。没有用户的支撑，营销也就无从谈起。因此，在内容竞争的时代，直播营销更要以优质的内容输出为准则，精准利用自己的优势，来吸引消费者的注意力。

11.2 如何玩转直播营销

说到玩转直播营销,就不得不提著名的百鸟朝凤事件。

百鸟朝凤事件是一个典型的直播营销事件,其义务宣发方负责人方励2016年5月12日在某直播平台跪求全国影院经理排片,瞬间引爆了网络,而这个事件的直接影响是电影《百鸟朝凤》以及方励的热度不断攀升,最后《百鸟朝凤》的单日票房达到了900万元,完成了逆袭。

虽然为了增加电影排片而下跪是否符合价值观还有待商榷,但是我们能够直观地看到直播营销的效果,即观众的注意力能够转化为现实的收益,由此可见直播营销的巨大潜力。

在前一节中,我们已经学习了直播营销的发展现状和优势,那么接下来,我们就继续来学习一下直播营销应该如何进行。

■ 11.2.1 直播营销的流程

在我们准备进行直播营销前,首先应该了解直播营销的流程,而无论是企业还是个人,利用直播进行营销的流程通常包括以下环节。

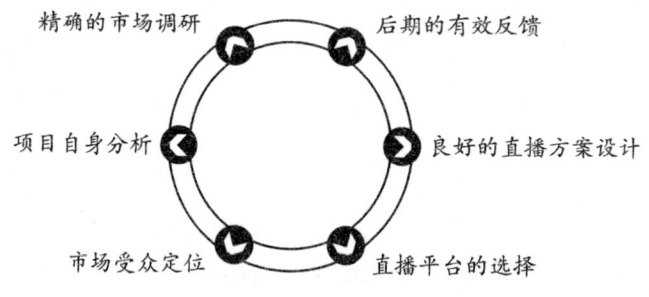

直播营销的流程

1. 精确的市场调研

好的开头是成功的一半。营销的前提是做好精准的市场调研,这样才能让我们对客户的需求有比较深入的了解，做出吸引消费者的营销方案，优化用户的观看体验，以此为基础提高购买率。

2．项目自身分析

当然，项目没有绝对完美的方案，如果我们想要利用直播进行营销，就应该对自身的产品或者企业的优缺点有一个清晰的认知。对于大部分企业来说，资金和人脉都是有限的，因此，我们需要通过对自身优缺点的分析来扬长避短。好的营销方案也并不仅仅是靠资金和人脉堆积起来的，只有充分发挥自身的优势，才能让营销的效果最大化。

3．市场受众定位

营销方案只有在产生了一个好结果的时候才能算是一个有价值的营销，我们做市场调研的目的也在于了解产品的目标消费群体，他们能够接受什么、他们的兴趣点在于何处等。只有找到了合适的受众，才能让营销活动顺利进行。

4．直播平台的选择

如今直播平台种类繁多，但是属性的不同也决定了它们营销的内容有所差异。如果想要推销美妆类、服饰类产品，那么淘宝和美妆App会是不错的选择；如果推销的是电子类辅助产品，那么虎牙App能够获得更多的用户的注意。因此，在进行直播营销之前，一定要选择合适的直播平台，这样才能事半功倍。

5．良好的直播方案设计

在这些过程中，营销方案是最重要的环节。方案的设计需要销售策划与广告策划的参与以及协调，让最后呈现出的效果在营销和视觉方面能够有一个良好的平衡。在直播时如果过分注重营销，很可能招致观众的反感，让之前所做的努力付之东流。因此，我们需要不断斟酌营销与视觉的界限，做出合适的直播营销方案。

6. 后期的有效反馈

营销的最终目的是提高转化率，因此后期的反馈十分重要。而且通过反馈我们也能发现问题，调整营销方案，不断提高可实施性。

11.2.2 如何有效地做好直播营销

一些知名品牌的成功营销案例固然值得借鉴，但是一个好的直播营销，应该不拘泥于"套路"，而应该从品牌调性、合作平台、互动手法上多加思考。在了解直播营销的主要流程以后，我们就应该找到自身品牌的特性，做出最适合自己的营销方案。这里总结了一些方法供大家参考。

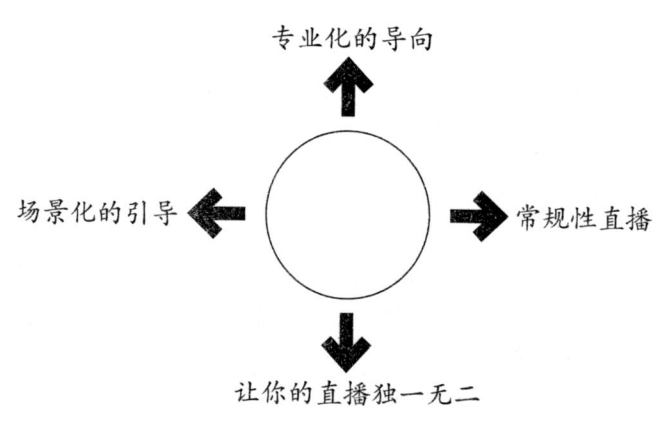

如何有效地做好直播营销

1. 专业化的导向

每种产品都有自己的推销方式，很多产品都具有较强的专业性，我们在推销这类产品的时候，就应该突出其专业性，用专业的知识打动消费者。当人们想要学习某些自己不熟悉的专业知识时就会产生相关的购买需求。例如，年轻的父母会在孩子出生之前购买各种育婴的书籍，或者是参加培训班来学习相关知识，在孩子稍大时会购买关于教育方法的书籍等。

因此，人们常常需要某些专业的产品为自己处理不熟悉的事情进行恰当的指导。我们可以通过对产品进行专业化包装，让消费者认识到，这款产品就是为解决其某种需求而产生的，让产品的营销方案具有不可复制性。

2. 场景化的引导

高频使用的产品和生活类的产品都可以通过融入特定的场景来引导消费者，比如某部电视剧或者电影大热后，剧中主角的饮食习惯、穿衣风格、使用的物品等都会成为观众讨论的热点话题。最初这种讨论局限于人们身边的社交群体，而随着互联网的发展以及PC和智能手机的普及，这种话题的传播范围变得越来越广，因而营销的范围也就越来越广，这种融入环境的产品在无形之中就能引发消费者的购买欲望。

3. 让你的直播独一无二

现如今几乎所有的主播都是依靠颜值或者自身的某些特性来获得关注的，内容千篇一律，而这些内容已经无法吸引大众更多的注意力。如果我们能够另辟蹊径，在直播中展示出与众不同的内容，或许效果会更好。

比如有段时间有主播直播如何捕捉龙虾、捕捉后如何烹制龙虾等内容，在直播平台收获了大量关注。因此，我们在选择直播营销之前一定要确定自己做什么样的内容，努力去挖掘未被发现的市场。不过，随着相关法律法规的完善，直播市场的环境也在不断净化，我们在获得关注的同时也应该把握尺度，不能一味地为博人眼球而触犯道德以及法律底线。

4. 常规性直播

当然，很多常规性直播也能获得良好的营销效果，例如锤子发布会。值得注意的是，锤子发布会之所以能够吸引大量粉丝的关注，主要原因有二：一是情怀，二是罗永浩。毫无疑问，最重要的因素当然是罗永浩，在这场直播中，他就是秘密武器。

然而，对于很多处于创业初期的公司来说，并没有足够的资金来邀请娱乐圈的大咖为直播营销助阵，此时发红包就是一个不错的选择。例如在小米MAX的直播中，到了午夜仍然有很多粉丝不停地刷手机抢红包，一点点的直播红利，往往能收获意想不到的直播效果。

总之，直播营销作为新媒体营销的重要组成部分，已经显示出了其强大的号召力和影响力。我们处于这个经济飞速发展的时代，只有把握机会，才能在各种营销激烈竞争的环境下突出重围，开辟出自己的康庄大道。

11.3 直播营销的未来趋势

如今，直播行业的热度仍未消散，百度、网易、暴风科技等公司都已入场，花椒、映客等直播平台推动了泛娱乐直播的发展，而虎牙和斗鱼等平台则促进了游戏直播以及电竞综艺的火爆。不过，随着巨头直播平台的不断扩张，很多一线的垂直领域（如生活、电商、美妆）已经被占领，如此一来创业者融资会更加困难。

相关数据显示，几乎十分之一的直播平台已经倒闭或者停止更新，直播产业面临着新的挑战。很多规模较大的直播平台估值上亿元，而网络直播的用户规模已经超过了三亿。可以说，直播的红利窗口已经过去。如果想要做直播营销，我们就必须分析直播行业未来的发展趋势。那么，直播行业的未来会有哪些发展趋势呢？这也是本节主要探讨的话题。

归纳起来，我们认为未来的直播营销将呈现出以下六大趋势。

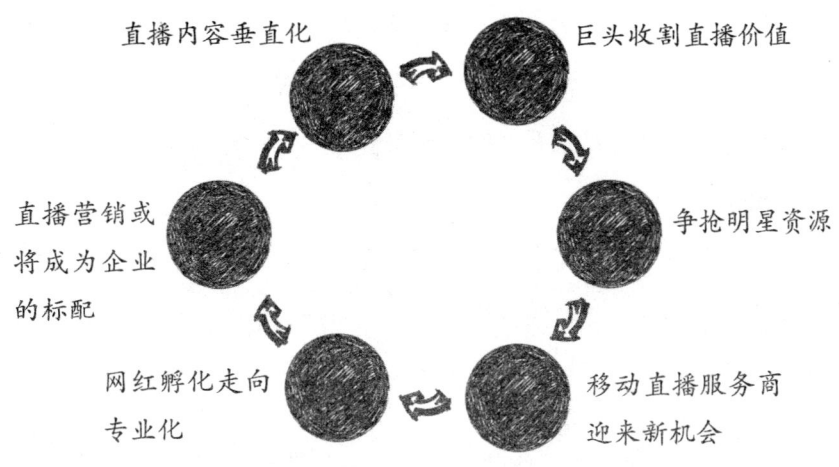

直播营销的六大趋势

■ 11.3.1 直播内容垂直化

在当前的直播内容中，多数平台依旧是以泛娱乐为主，而相关数据表明，泛娱乐直播占据了将近一半的市场，这也从侧面展示了资本市场对泛娱乐领域的信心。

不过，在一线垂直领域被巨头直播平台占据以及国家主管部门下发"持证上岗"通知的情况下，监管部门对直播内容的审核更加严格，多数直播平台由于没有牌照将会被淘汰，直播行业面临分层淘汰的局面。

与此同时，泛娱乐的直播内容较为单一，因此无法成为平台的核心竞争力，这将导致各大平台的直播内容逐渐垂直化。

当前部分直播平台已经开放了财经、时尚、体育、育儿、美食等垂直领域的自频道直播权限。毫无疑问，内容的差异化和垂直化可以衍生出新的商业模式，而平台也可以通过更加多样的内容吸引用户，以会员、付费、打赏、直播购物的方式来盈利。

事实上，目前的多数直播平台都缺乏真正有价值的内容，而网红想要增加粉丝的黏性以及活跃度，就必须带来更多富有特色的内容。从当前直播行业的发展趋势来看，输出更多健康的、正能量的垂直领域的内容显然更符合发展规律。

因此，一些尚未被完全开发的二级垂直领域，例如教育、财经、音乐、健康、旅游等，在直播营销中会有更乐观的前景。另外，将直播与其他领域的内容结合起来也是一个不错的选择，跨界合作往往能收获更多的流量，取得更好的效果。

11.3.2 巨头收割直播价值

国内的大量直播平台目前都是通过娱乐性网红和明星直播来导流，因此各个直播平台同质化非常明显，以颜值吸引粉丝的网红直播已经让用户产生了疲态。在这种环境下，中小创业者由于缺乏特色以及资本和入口扶持，创业之路会更加艰难。

从目前的形势来看，直播行业的流量与入口与BAT（百度、阿里、腾讯）相关的流量、入口并不是一一对应的，BAT也并没有在直播领域占据绝对的流量优势，因此，人们比较关注BAT是否会在未来通过资本收购或者扶持的方式改变现有的直播格局。

根据以往的趋势来看，直播行业很有可能和团购以及视频领域一样受到三家互联网巨头公司的影响。在视频网站的竞争中，最终存活的都是被巨头收购或者依靠巨头公司资金与流量的扶持的公司。对于在这场竞争中倒闭的公司来说，资金链的断裂是致命的一击。

目前已经有一成的直播平台倒闭，未来在泛娱乐社交、游戏以及美妆领域势必会出现几家主流直播平台，这些具有突出优势的直播平台很有可能被BAT收购或者收编，而这些平台如果能够获得巨头公司的资本和流量扶持，在市场竞争中存活的概率就更大。

■ 11.3.3 争抢明星资源

我国目前的直播平台有200多家，但是大多数都是依靠网红秀场直播获得关注，这导致行业同质化竞争严重。若想直播行业获得持续的热度，就应该对"泛娱乐"进行开拓，拓展市场。

为了获得更多的关注，目前一些直播平台开始与明星合作，比如王俊凯、王宝强、刘涛、蒋欣等当红明星都曾加入直播大潮。而这表明直播已经进入娱乐营销的升级阶段，想要开拓泛娱乐的内容，直播平台必须与更多的明星合作，这样才能推动自身的流量和用户的增长，加速平台的品牌升级。

从明星直播时粉丝的打赏规模以及打赏频次来看，明星粉丝可以为明星以及品牌商带来更大的利益，而明星带来的则是更大的用户活跃度，这是网红直播不能达到的效果。

"明星+粉丝+直播平台"在未来很可能成为新的营销模式，通过直播可以让明星与粉丝更好地进行情感沟通，这样也能让粉丝持续性地参与情感消费，而且直播平台与明星的粉丝的叠加可以带来更多的非理性消费，这也符合品牌商的诉求。

因此，从争抢网红资源到争抢明星资源，这是直播营销的未来趋势，也是孕育粉丝经济的必经之路，未来可能会有越来越多的品牌商愿意以这种模式增加品牌的曝光度，从而实现商业变现。

▌11.3.4 移动直播服务商迎来新机会

娱乐C端直播平台的主播多数是以卖颜值、讲故事、求打赏或者吃饭唱歌等形式吸引用户的，这种方法目前已经显露疲态。而我们从前文的分析可知，未来的直播平台势必要满足企业的商业化需求才能继续生存下去，事实上这也是移动直播服务商新的发展机会。

值得一提的是，企业商务需求对直播的体验以及新媒体营销的要求比较高，当用户量级上升，随之而来的就是卡顿、延迟、掉线等问题，这会给用户带来糟糕的体验，直接影响到直播营销的效果。因此，很多直播服务商开始开放平台的云技术，采用软件开发工具包或应用程序接口的方式帮助企业做直播营销服务，解决直播卡顿问题。

例如，乐视云通过现场拍摄，解码压缩后上传至云服务器，通过多终端的分发来锁定有效用户，而乐直播的直播盒不需要网线就可以将摄像机与导播台连接起来，并且能够通过特有的推流算法来保证户外直播不会出现卡顿的问题，打破了直播场地与空间的限制。

随着直播行业的发展，提供移动直播服务和移动新媒体营销服务的厂商对于企业来说越发重要，而处于直播行业链背后的技术营销环节的服务商也因此获得了发展机会。

如今，各行各业都能参与直播，并且能够让直播成为为企业服务的工具，从技术、服务、内容以及营销等方面玩转直播则可以衍生出更多的直播服务,由此为解决直播体验的移动直播服务商带来了新的发展契机。

11.3.5 网红孵化走向专业化

直播平台数量的增多以及行业的不断深入发展,会导致垂直领域的专业型网红需求增多,这为网红孵化器带来了很好的机会。由于网红孵化器在网红包装、传播以及变现方面具备专业的运营能力,那么网红孵化器就必须扮演经纪人、运营、供应链、网红星探等多种角色,从而培养或者挖掘出垂直领域的专家型、特长型、个性型网红,同时提供专业化的服务。

除此之外,网红孵化器也应该打通粉丝营销和电商运营之间的渠道,整合网红与粉丝、平台、内容、品牌以及供应链之间的链接;通过专业的包装培训对各种类型的网红或者具有网红潜质的达人进行孵化与训练,专业化批量生产个性化的中小级别网红,进而不断增强打造网红的专业化能力,并且能够保证与电商和品牌商进行对接。因此在直播行业的发展过程中,对网红孵化器的要求会越来越专业,这样才能适应市场发展的需要。

11.3.6 直播营销或将成为企业的标配

过去,企业的营销活动往往只能覆盖线下人群,如果能够采用微博、微信等App多渠道进行在线直播的方式,覆盖更广的目标客户和潜在消费者,这将带来更高的转化率,因此未来直播营销很有可能成为企业营销的标配。

乐直播的定位是商务直播服务商,它开发了微信视频的直播功能,以SaaS、PaaS系统平台为支撑，将直播融入微信公众号、微信网页或者App中，这样一来用户就能直接在微信中观看直播，不需要下载插件或者其他App。这就相当于摆脱了第三方平台，给微信建立了专属自己的直播间，同时也能让微信多个公众号实现同步直播，迅速扩大了直播效果。

我们可以看出，随着技术的进步，商业直播将逐步具有媒体属性，并且能够提供对应的商业化配备方案，企业可以在直播链服务商的支撑下，根据场景和观众的需求调整直播营销方案，从而实现直播的商业化、娱乐化和互动化运转，优化营销效果，为企业带来更高的转化率。

当直播火热时我们不仅要关注这个行业的热度能够持续多久，还要关注其商业模式是否成熟，未来有哪些发展空间，当行业面临洗牌时自身是否还有机会。无论是创业者还是企业，都应该在这个过程中找到机会与自己的领域进行跨界的嫁接。

事实上，直播不仅仅是内容和流量的变现工具，它还带来了营销理念的转变。

总而言之，企业如果能够在垂直细分领域依靠直播技术将直播营销为己所用，就能在市场中占据新的优势。即使任何行业趋势的预测都具有一定的不确定性，但这种不确定性往往也能带来新的机会，及时把握机会才能在下一轮风口中尽可能地实现营销模式创新和企业转型，迎接属于自己的时代。

第十二章
微博"大号"养成攻略

作为最早、最具代表性的新媒体之一,微博在新媒体界的地位是毋庸置疑的,而成为微博大V、运营微博"大号",也一定是许多新媒体运营者最朴实的心愿。本章将为大家详细介绍微博"大号"养成攻略,手把手教你玩转微博。

12.1 微博的诞生及发展

微博（Weibo）是一种基于用户关系信息分享、传播以及获取的，通过关注机制分享简短实时信息的广播式的社交媒体和网络平台，用户可以通过文字、图片、视频等多媒体形式，实现信息的即时分享和传播互动。

在微博，我们既可以作为观众浏览感兴趣的各种信息，也可以发布信息供别人浏览，只要有网络，就可以即时更新自己的内容。如果有用户处于一些突发性事件的现场，通过使用微博即时传播事件的速度甚至超过很多媒体。

实时性、现场感以及快捷性等特征，让微博吸收了大量用户。那么这样的一个平台，是如何诞生和发展起来的呢？阅读下文，或许你会找到答案。

■ 12.1.1 微博的诞生：一个时代的开始

2006年，美国网站Twitter推出了微博客服务，用户可以将自己的所见所闻、对事物的看法、心情通过短消息的方式发送至手机和个性化网站群，而不是之前那样只能在个人之间传播。

当时的Twitter只是一个边缘项目，最初用户只是在这个平台上说说小笑话，但是用户很快就发现，当一位用户接收到自己感兴趣的信息后，会将其再次发送，传递到更广泛的人群。或许大部分用户只拥有少数关注者，但是经过这样的重复发送，信息被交叉传播，传播量会被放大几百倍甚至是几万倍。

Twitter也因此进入了大众的视野,很快在美国乃至全世界流行起来。在2016年,Twitter独立访问用户量超过了5000万。而Twitter的用户,既包括美国前总统奥巴马这样的政治家,也包括明星,以及类似于苹果、微软这样著名的企业和机构。从这时起,微博时代正式开始。

12.1.2 微博的发展历程

随着Twitter的兴起,国内的微博也开始发展,主要分为三个阶段,如下图所示。

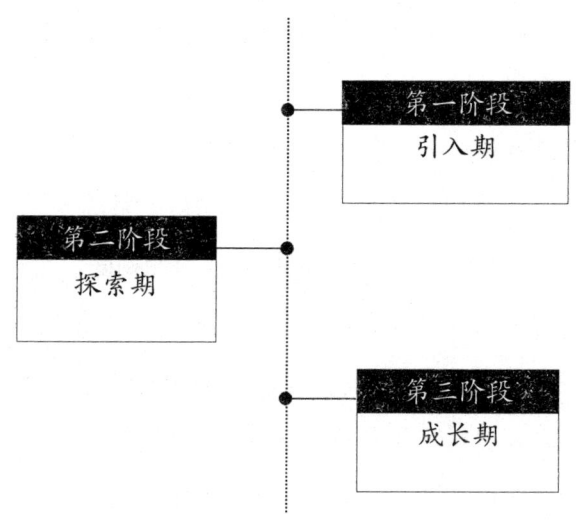

微博的三个发展阶段

1. 第一阶段(引入期)

在2007年至2008年,国内的微博刚刚产生,主要代表有"海内""叽歪""做啥""饭否"等。微博用户以"极客"(geek)为主,大部分都是IT人,也有少量的媒体或者少量其他行业的精英。此时的微博追求的是和手机、即时通信(Instant Messaging，IM)的互通，除了"叽歪"，其他的平台对市场并没有做出太多的探索。由于各种原因，这一阶段的微博最终都走向了消亡。

2．第二阶段（探索期）

大概在2009年，"嘀咕"和"Follow5"等企业开始尝试和探索微博应用，虽然有了很多新的尝试，但是仍然没有解决当时的难题，最终不得不转型。这一时期的微博也并没有在历史中留下过多痕迹。

3．第三阶段（成长期）

到了2009年下半年至2010年，各门户网站以及大型网站开始开通微博服务，最具有代表性的就是新浪微博和腾讯微博。处于这个阶段的微博突出的是微博的媒体特性以及社交特性，这些特点扩大了微博的用户范围，使微博得到了更大范围的普及。

在2009年，国内门户网站强势入围，国内的微博正式进入蓬勃发展时期，同年8月，新浪推出了新浪微博。在内测期间，新浪邀请了很多明星和业界精英使用微博来带动普通用户的增长，媒体也把握了这个时机，纷纷进行相关的报道，一时之间，新浪微博成了热点话题。

之后，网易、搜狐以及人民网等门户网站相继推出了微博服务，腾讯也不甘其后，微博成了各大门户网站的标配。然而，在这样的激烈竞争中，新浪微博很快意识到了危机，于是在2013年，新浪与阿里巴巴合作，阿里巴巴购入新浪微博18%的股份，双方合作的领域包括账户互通、数据交换、网络营销以及在线支付等方面，用户能感受到的变化就是微博页面会出现淘宝商家的广告，而且这些广告向用户推荐的商品是根据用户在淘宝搜索的内容得来的。

在腾讯微博的用户逐渐减少的情况下，腾讯于2014年撤销了微博事业部，随后网易微博和搜狐微博也退出了竞争。此时新浪微博发展迅速且表现出色：在国内的智能手机移动客户端用户数排名前三；是基于用户个性化语义进行大数据挖掘的潜力和资源平台；依旧是最具有传播能量的媒体渠道。

2014年4月17日，新浪微博正式上市，市值40亿美元。

而根据新浪微博财报显示，微博在2016年月活跃用户为2.82亿，连续9个季度保持了30%的增长；在商业化方面新浪微博的表现同样出色，其2016年第二季度总收入超过9亿元，其中广告收入接近8亿元。到了2016年下半年，其股价更是一路飙升，市值也达到了110亿美元，逼近Twitter。

微博发展到这个阶段，内容越来越具有开放性，同时也能持续地输出优质的内容，获得最大范围的传播，用户也愿意为自己喜欢的内容付费。这样一来，微博就实现了用户、活跃度、用户花费时长以及盈利不断增长的态势，微博也因此成为国内最重要的社交媒体平台。

事实上，中文微博有过很多平台，而如今新浪微博独占鳌头的局面让新浪微博淡化了品牌名称，微博也成了新浪微博的代称。最早的新浪微博对文字的发布有140字的限制，随着用户需求的增加以及适应市场发展的需要，微博已经能够以长文字、多图片、短视频、长图文等多种形式发布内容。

微博的发展并不是一直处于上升期，而是起起伏伏，现如今再一次进入繁荣期。在这种情况下，我们应该增进对微博的了解，把握机会，这样才能提高我们在运营方面的能力，更好地利用新媒体。

12.2 微博运营内容策划

在前文中，我们已经详细介绍了微博的诞生和发展历程。那么，微博应该如何运营呢？换言之，要想成为微博"大号"，我们该怎么做呢？

归纳起来，微博"大号"的运营内容通常有两种类型，一种是利用热点话题借势发挥，另一种是结合自身的定位每天更新内容。不过，即便是每天都要发布的日常内容，也需要经过精心的设计。做好运营内容的策划，才能达到我们想要的运营效果。

而想要做好微博大号的运营，首先就应该在日常生活中注意观察各种事件，收集各种资料和图片，一方面能够让这些成为自己的知识储备，另一方面也能在输出内容时作为素材。那么，具体应该怎么做呢？我们不妨一起来探讨一下。

■ 12.2.1 建立话题素材库

建立微博话题素材库一般分为三个步骤，这个方法对其他新媒体的运营也同样适用。

1. 选择优秀的信息源

当我们在阅读时发现一些比较好的内容，例如图片、网站、作者等，都可以统一存放在一个文件夹或者储存空间里，最好的方法是阅读后再分类保存。而对于生活中不经意产生的灵感，可以随手记录在手机上。微信公众号和微博的内容则可以存放在有道云笔记里，方便以后查找。

2. 整理收藏夹

在收集一些比较好的素材之后，要记得每隔一段时间来整理这些收藏夹，可以分类后添加不同的标签，方便日后查找。对于失去价值的资料可以及时清理，这样可以节省很多空间。

3．使用并且不断更新

我们在使用素材库时，可以通过直接搜索来找到相应的资料，也可以通过分类来找到想要的素材，最重要的是，在使用的同时也应该及时更新素材库，这样创作出来的内容才能符合当下的潮流和审美。

一些常见的素材收集网站包括中国知网、中国互联网络信息中心、万方数据知识服务平台等，这类网站具有一定的权威性，在专业知识方面有很大的帮助。

除了这些专业性较强的网站，我们也应该了解网上的一些热点和网民的看法，可以从知乎、新榜、搜狗微信搜索等网站接收一些热点的推荐以及热点文章，从中借鉴和参考一些比较适合自己的内容。

除此之外，我们也可以在微博、简书、豆瓣搜集一些文学类的素材，在今日头条、网易新闻搜索新闻热点。微博上的热门话题和热门微博基本上都是微博上最受关注的热点，最好的办法就是每天浏览，这样就不会错过热点事件。

12.2.2 建立微博时间地图

除了常见的话题，我们也可以通过时间地图的方式策划内容，比如节假日、节气等。事实上这些时间点是非常好的话题，因为它包括法定节假日、民俗节假日、西方节假日、国际纪念日、行业营销季、当地文化节等。如果我们可以将这些节假日、纪念日整理出一个时间地图，对于我们策划微博的运营内容是十分有利的。

网络上也有很多节假日明细清单，我们可以据此整理出微博节假日话题表。

节假日明细清单

时间	节日
1月1日	元旦
3月8日	妇女节
4月5日	清明节
5月1日	劳动节
5月4日	青年节
五月初五（农历）	端午节
8月15日	中秋节
10月1日	国庆节
12月25日	圣诞节
正月初一（农历）	春节

12.2.3 合理设计微博发布时间

除了话题的内容和时间的策划，我们也应该注意到微博的发布时间对阅读量的影响，因为最佳的发布时间，事实上是目标用户能够最先看到的时间。

那么，最佳的发布时间是哪些时间段呢？

对于不同地域的人，我们应该考虑到时差的影响；有地铁的城市，也许有很多人会在地铁高峰时段刷微博；不同的人群刷微博的时间也存在差异，比如大学生越晚越有精神，上班族则集中于晚上八点到十一点左右的时间段；突发性事件最好是能在第一时间抢发，并且保持连续跟进，这样效果会更好；如果微博的内容是个人的心情或者感悟，那么最好是在大家都休息的时间发布；如果是某些活动的现场，那么最好是同步播报等。

微博的最佳发布时间，是我们对微博发布的效果进行动态的观察，并且根据效果的不同而不断进行调整最终得来的数据。无论我们是在微博，还是在其他新媒体上进行运营，最重要的一点就是，不要五分钟就刷屏，这样只会让读者厌烦。

■ 12.2.4 注意转发和原创的比例

我们在进行内容策划时会发现，如果一直坚持原创，运营难度实在太大，那么我们可以选择转发一些优质的内容来救急。不过，原创与转发的比例需要好好把握，太多的原创不利于建设微博矩阵，但是缺乏原创也会让粉丝失去兴趣点。

在转发微博时我们会注意到，微博上经常会有大量的来源不明、耸人听闻的消息，虽然这些内容更容易获得粉丝的关注，但是传播谣言的后果很严重，因此我们在转发别人的微博时一定要仔细甄别。

例如，很多惊人的消息，一定要有证据才能转发，同时也要确认发布者的身份；某些营销大V发布的消息，最好是在转发前搜索到信息源；不要转发一些看似专业实则没有科学依据的内容；不要转发一些具有煽动对立情绪的呼吁内容。除此之外，也不能转发一些涉及色情暴力的内容。

■ 12.2.5 写好原创微博

一条合格的微博通常语言简洁生动，自然贴切，一般也不应该有错别字，除非是故意设计的，里面的英文和数字的格式也应该是统一的，字数一般为120字左右，如果添加了外部链接，那么一定要写出让人点击的理由。

写好微博的一种有效方法是选择一个话题，并且尝试用不同的方法写出来，经过反复的修改，多加练习，就能够形成自己的"套路"。那么有哪些比较实用的方法呢？这里总结了一部分供大家参考。

1. 归纳总结法

例如，#课题答辩六步法#：课题的来源和价值；解决的问题是什么；有何创新之处；分析方法是什么；结论是什么；还有哪些问题可以继续研究。

2. 借力打力法

原题。我教育孩子的几种观点：主见比顺从重要；善良比对错重要；思考比表达重要；成长比输赢重要；兴趣比成绩重要；信仰比崇拜重要。

跟评。孩子教会我的几个事实：小孩比大人重要；喜欢比漂亮重要；朋友比利益重要；健康比业绩重要；家庭比工作重要；快乐比面子重要。

3. 对比归纳法

例如，聪明和智慧的区别：聪明人喜欢说，智慧人喜欢听；聪明人比较尖刻，智慧人比较平和；聪明人喜欢占小便宜，智慧人喜欢给予；聪明人会随时显示自己的聪明，智慧人会随时让别人显示自己的聪明；聪明人喜欢投机取巧，智慧人喜欢脚踏实地；聪明人容易极端，智慧人倾向于寻找矛盾中的平衡。

4. 一鸣惊人法

例如，人生最大的遗憾就是：到老了却没有一次值得回忆的犯傻的经历。

5. 深度点评法

例如：我知道今天微博崩溃了，过了一段时间系统也恢复正常了，这段时间我该做什么就做什么。但是微博崩溃也能告诉我们两件事：一是互联网的基础服务可能没那么强大；二是不刷微博的感觉好像也不错。

6. 谈古论今法

例如：自灭王权后，执政者从贵族及贵族后裔中选，初期执政者终身任职，后改为10年改选一次。初期只选一个执政官，后来有了"执政官九人团"形式，任职期满后就进入"元老院"，即国家最高议事会养老。别误会，我在读顾准说的早期雅典的政制。

7. 改造经典法

例如，中国人一看就懂的马斯洛需求层次理论：马斯洛的需求理论说人的需求分生理需求、安全需求、爱与归宿、尊重需要、自我实现五层。对中国人简单来说就是：你饿不饿？你吃饱了吗？晚上回家我给你煮面好不好？你要不要再加个菜？今晚你想去哪里吃？

8. 语重心长法

例如，做员工必须明白的三个道理：所谓问题，不是看谁会发牢骚，而是看谁会去尝试解决；所谓忠诚，不是看谁待得久，而是看谁更顾全企业大局；所谓能力，不是看谁做得多，而是看谁更能解决新问题。

9. 连环吐槽法

例如：晚上开车关闭远光灯你会死吗？坐飞机系上安全带你会死吗？旅游时不嗑瓜子你会死吗？转发别人微博而不是直接复制你会死吗？不从车里扔矿泉水瓶子出来你会死吗？吃饭的时候不大声喧哗你会死吗？讲完员工的方案后感谢一下这个员工你会死吗？排队不推前面的人你会死吗？"你会死吗"这四个字太解恨、太过瘾了。

10．晒小幸福法

例如：岳母惦记着老家房子没人看，回了老家。早上老婆抢着赶坐班车前给我们煮了面。我烧壶开水准备泡杯茶。女儿对我说："爸爸，吃完面你给我梳头发好不好？"——"好！"

11．心灵鸡汤法

例如：藏着的幸福。我给自己藏了很多小幸福，如我买了很多喜欢的书，但放书架上不读；我想去马尔代夫，但一直不去；我有条喜爱的领带，但一直不用；有部经典电影，但我一直不看……心情不好情绪低落的时候，就拿一个出来，让生活充满期待和快乐。

12．借用名言法

我们可以引用一些优美的名言，比如：

几米：我总是在最深的绝望里遇见最美丽的惊喜。

徐志摩：一生至少该有一次，为了某个人而忘了自己，不求有结果，不求同行，不求曾经拥有，甚至不求你爱我，只求在我最美的年华里，遇到你。

沈从文：我走过很多地方的路，我行过许多地方的桥，我喝过很多地方的酒，却只爱过一个正当最好年龄的人。

13．分享干货法

例如，#如何成为PPT高手#七个教程：理念篇；文字篇；表格篇；图片篇；图表篇；逻辑篇；技巧篇。欢迎各位下载和分享给需要的朋友。

14．详细教程法

例如：《小心，有骗子！+鉴别图片来源教程》——写这篇长文的目的是想把一个自称爱旅行的骗子剥给大家看，希望各位爱旅行的姑娘们和爱公益的孩子们对这一现象有所警觉，有人已经开始消费我们的梦想和善良，我们能做的，就是把他们都晒"死"。文太长，无法做长图，这里只放个教程，详情见链接。

15．犀利设问法

例如：请教各位，如何简单易行的教育别人家的"熊孩子"？

这些方法虽然不是对所有的微博都适用，但是我们也可以在写微博时适当借鉴，多加练习，就能形成自己的风格。

■ 12.2.6 提升微博内容的可读性

一条好的微博如果配上合适的图片，不仅能够增加内容的生动性和趣味性，也能增加微博的转发量。

1．配上好图

微博的一个功能是随手拍，只要我们在生活中发现了一些有趣的事情或者风景，都能随手拍下来发布到微博上。但是我们往往会遇到一个问题，当我们拍的照片太多时，一张一张发布到微博似乎太麻烦，有没有方法能让这些图片在手机上就能拼接成一张大图呢？事实上早就有软件可以实现这样的操作了，只要下载相应的软件，就能对图片进行简单的编辑。

与纯文字相比，图文并茂能够减轻读者的阅读压力。好的文字能够让图片活灵活现，让二者相得益彰；恰到好处的配图能对文字起到画龙点睛的作用，提高读者的阅读兴趣。不过，微博上的配图除了比较常见的表情包，一般都是自己拍的照片，这对摄影技术有比较高的要求。

图文微博通常有两种撰写方式，一种是先有文字再配图，另一种是先找图再配文字。我们给大家整理了一部分搜集图片的网站，包括视觉中国、StockUp、优美图、看大图、500px、昵图网、堆糖网；Gif网站：Gif酷；狐图网；Golden Wolf；Rafael varona等。

2．用图说话

过去我们都认为微博140字的限制不利于长内容的输出，但现在的趋势是，读者似乎对140字的耐心都没有。如果我们的内容没有在第一时间引起读者的好奇心和注意力，那么很多读者就会在刷屏模式下自动忽略我们的微博。

现在越来越多的人都开始用图讲故事，或者直接用图片来展示所有的内容。简单地说，就是在用户不点击的情况下直接把信息放在用户眼前。

3．定期整理微博

微博的优点在于我们可以通过它记录生活中的每个细节，但是，并不是每个细节都值得被记录。有些微博并没有实际的意义，只是一时兴起而已，如果我们发现它并没有被保留的必要，那么就应该定时清理这些没有价值的微博。

即使是有价值的微博，也需要我们定期整理，或许这也能成为自己的特色。有些大V经常不到半个月就会清空自己的微博，即使很多微博的转发量已经破万。

事实上，微博运营内容的策划并没有固定的套路，但是作为新媒体运营新人，应该从基础做起，先学习这些最基本的方法，才能在后期的微博运营中做到游刃有余。

12.3 如何增加微博粉丝量

我们在做好运营内容的策划之后，就应该想到如何增加粉丝量的问题。那么常见的增粉方法有哪些呢？接下来，我们一起来了解一下。

12.3.1 快速获得第一批粉丝

一个新注册的微博账号，除了在前期需要进行运营内容的策划之外，最重要的就是获得第一批粉丝，有了粉丝，我们才能让自己的内容传播出去，然后给微博账号带来更多的粉丝，由此循环，为微博带来更多的传播量。归纳起来，快速获得第一批粉丝的方法主要有以下几点。

1. 亲朋好友互粉

当我们在开通一个新的微博账号之后，可以先让自己的亲朋好友、同学等互粉，相互关注，在前期尽量多互动，这样就能得到第一批粉丝了。

2. 好友推荐

除了和身边的人互相关注来增粉外，也可以通过好友推荐的形式来增粉。这样做的好处有两个方面，如下图所示。

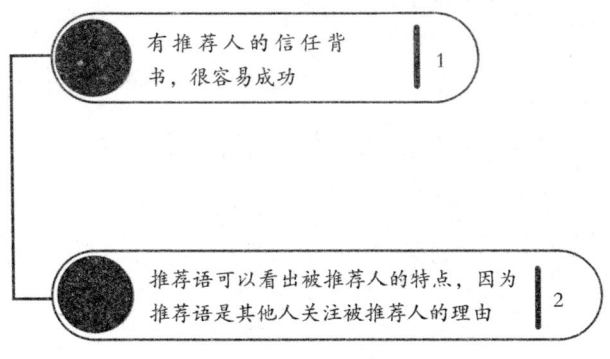

好友推荐的两大好处

值得注意的是，想要快速获得粉丝，我们必须要让自己的微博能够持续输出有价值的内容，因为这是第一批粉丝是否长期关注我们的决定因素。

■ 12.3.2 关注同类人群

在微博，喜欢同一个领域的人群通常会互相关注，比如有的人喜欢美妆，那么除了关注美妆博主并且经常与之互动之外，他们也会发布与美妆有关的内容，如果被关注人看到了这些内容，那么也很可能反过来关注他的粉丝。而且，这些群体也会通过组建群组或者活动来增加粉丝，比如进行美妆教程的直播之类的活动。

除此之外，一般人们也会关注同城好友，或者是关注喜欢同一个话题的人，或者是有着共同偶像的人，因为人们喜欢围绕自己感兴趣的圈子活动。

微博有一个功能，可以对关注的人设置分组，这样就可以在刷微博时只看某一群组发的微博，对于特别重要的人，也可以设置为"特别关注"，这样就不会错过他们的微博。

■ 12.3.3 已有平台导流

微博上有很多大V在建立初期就拥有很多粉丝，事实上这些都是之前运营过的其他平台的粉丝通过推广引流而得来的，比较常见的有微信、博客、贴吧、人人网等。

比如在微信中，这些大V可以通过在微信公众号的文章中植入微博的账号信息、自动回复、自定义菜单等方式进行引流。

12.3.4 外部导流

当然,增粉的方式除了可以用已有的平台导流外,也可以通过外部的平台来导流。那么我们可以通过哪些外部渠道来增加粉丝呢?以下建议可供参考。

1. 媒体网站

随着互联网各行各业的细分媒体网站的兴起,越来越多的自媒体人开始在各种媒体上发布自己撰写的文章,同时利用文章的内容和作者的简介来为微博账号增粉,比如在科技类媒体中,自媒体人可以在虎嗅网、果壳网等网站上发布文章为自己增粉。

2. 视频平台

随着互联网的发展,火爆起来的除了社交平台,还有视频类平台,很多团队开始制作精品视频,然后发布在各类社交媒体上来吸引更多的粉丝。

3. 视频直播

从2015年起直播平台开始迅速占据人们的视野,视频直播的优点在于用户能够与主播进行实时的互动,因此很多网络主播都是通过直播来增加自己微博的粉丝。很多主播会在自己的简介中介绍自己的微博账号,在直播间展示自己的微博账号以及在直播时通过抽奖等活动引导粉丝关注自己的微博。

4. 问答平台

问答平台的火爆也为微博粉丝的增长提供了一种途径,很多人在问答过程中植入微博来为自己增粉。在这之前,知乎或者百度等问答平台的回答者也会在简介或者答案中植入自己的微博账号,以此引流增粉。

5. 博客、出版读物、口碑、搜索等其他增粉方式

除了上面的几种外部增粉方式之外，我们也可以通过出版读物、个人博客的文章以及粉丝口碑等方式让更多的人关注我们的微博。

事实上这也给了我们一种启发，我们在增粉时不能仅仅把目光集中在某个单一的渠道，而是应该整合多个渠道。比如各种搜索引擎就是很适合增粉的平台，用户在听说了某个自媒体后就会去搜索，如果搜索出来的结果有微博账号的链接，就很有可能成为新的粉丝。

■ 12.3.5 活动增粉

通过活动来增加粉丝的方式并不少见，但是问题在于如何提高用户的参与度从而带来更多的粉丝增长量。用户往往更愿意参加一些门槛低、奖品多、富有趣味性的活动，常见的微博活动包括转发抽奖、发起话题、发起动手制作的活动等。

■ 12.3.6 与大V合作

虽然微博活动可以带来很多粉丝，但是并不是每个微博发起活动都能得到可观的收益。如果一个微博账号的粉丝本来就很少，那么即便是发起了活动也不会有很多人参与，更谈不上粉丝的大幅增长。因此，很多用户会选择和知名的微博大V合作，一方面，大V众多的粉丝能够为自己增加活动的传播量；另一方面，大V也会在这个过程中获得更多的粉丝，可谓双赢。

■ 12.3.7 原创内容

除了上文提到的增粉方式，我们也可以通过原创内容来增加粉丝。

这些原创内容通常被称为"干货",属于内容营销,这就要求运营者必须创作出优质的内容,否则无法吸引粉丝。

当然,不同领域的人创作出来的内容也存在很大差异,但只要内容存在一定的价值并且足够吸引人,这些内容就会被大量转发,也就能获得粉丝的增长。

■ 12.3.8 线下活动

线下活动是一种很有效的增粉方式,例如公司内训、高校培训、线下活动以及线下分享会等。如果我们认真准备这些活动,给参与的成员留下比较深的印象,那么在活动结束后,他们很有可能已经成了粉丝,并且这样的粉丝一般会频繁地参与互动,如此一来也能带来更多的粉丝。

事实上,这种方式属于实力增粉,通过活动让粉丝与大V在线下实现面对面的沟通交流,这样得来的粉丝比线上的粉丝更真实,也更有黏性。需要注意的是,通过线下活动增粉,我们还应该注意一些问题,如下图所示。

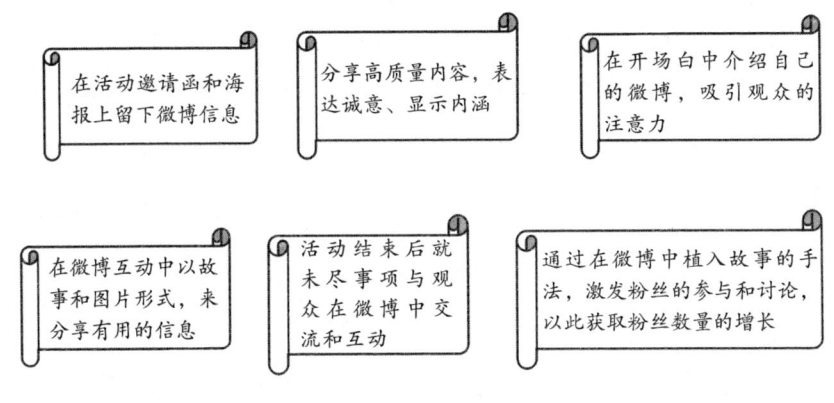

线下活动增粉的注意事项

最后想和大家说明的是，真正能够增加粉丝的方法不在于微博的内容究竟有多吸引人，而在于我们在专业领域上的努力。我们在适当地研究增粉方式之外，更多的是应该提升自己在专业领域的影响力，这样才能在微博让这种影响力带来更多的粉丝。

12.4 如何提升微博活跃度

毋庸置疑，微博的传播力是巨大的，而影响这种传播力的因素有很多，其中最重要的就是微博的活跃度。那么，我们应该怎么做才能提升微博的活跃度呢？我们总结了增加粉丝黏性以及用话题提升微博的转发量这两个方法供大家参考。

■ 12.4.1 以高效互动增加粉丝黏性

如果我们给企业微博或者微博大V做过日常的运营，那么我们就一定面对过提升微博互动性的问题。微博的互动类似于人们日常的交流，有问有答，有人发起话题，有人回答问题。很多微博在前期总是无人问津，就是因为缺少与粉丝的互动。

一般来说，增加粉丝黏性无非有两种方法，一种是创造优质的内容，另一种是尽可能多地与粉丝互动。在这里我们重点说明如何与粉丝互动的问题。

微博互动的方式通常包括四种，即评论、转发、私信以及@提醒。

评论指的是在微博下面发表自己的意见，博主会收到提醒。

转发是指转发自己认为有趣的、有价值的微博，这样就能在自己的微博上显示。如果博主设置的是接收全部提醒，那么他就能看见你的转发。当然，评论也能同时转发。

私信指的是发送给某个人的私密信息，其他人无法看到。

@提醒指的是在微博中@他人的昵称，他会收到提醒。

在了解这些互动方式后，我们如何进行具体的互动呢？以下建议值得借鉴。

1. 及时回复

如果我们在参与自己比较感兴趣的内容时，接收到别人的@提醒或者评论，那么在第一时间回复很重要，及时回复会让发表微博以及评论的人感到贴心，让他感觉到你在和他进行实时的互动，能够提高粉丝的好感度。

当然，也有人仅仅是提到了你的名字但是并没有@提醒，那么我们就可以搜索自己的名字或者相关信息，找到与之有关的微博，主动与这些人进行互动。

2. 及时转发

如果发现某些粉丝的评论非常精彩，我们就可以互动转发，这样粉丝看见自己的评论被转发后会非常高兴。如果你是大V，你的一次转发能够带给一个普通粉丝几十次或者上百次的@提醒，这对他来说是一次非常难忘的体验，他也会更加频繁地参与互动。

3. 私信交流

有些粉丝会在官方微博直接@问题，有时候如果不方便回答，就可以采用私信的方式私下沟通，除了让粉丝感动，也能提升博主与粉丝之间的亲密感。不过我们需要注意的是，不要轻易地晒出私信，很多人在晒出私信聊天记录后会被泄露个人信息或者被攻击。

4．主动关注

当我们遇到了一些志趣相投的粉丝时，也可以主动关注。除了增加好感吸引更多的粉丝之外，也能认识不同的人，开阔自己的视野，这也是微博的魅力所在。

5．粉丝之间互动

在微博的运营中，我们除了与粉丝之间进行互动，也可以发起一些活动来增加粉丝之间的互动，从而提升粉丝群体的活跃度。

6．注意事项

当我们在给粉丝评论或者参与其他互动时也应该注意以下问题。

首先，如果粉丝的数量不多，我们应该对粉丝的评论给予足够的重视，对于真实的有价值的评论应该真诚地回复。

其次，在参与粉丝的评论时要礼貌、克制情绪，遇到不礼貌的评论可以不理会或者拉黑，但发生冲突时不能与粉丝争吵，因为粉丝很有可能会转发你的评论，造成不良影响。

再次，我们可以经常在忠实粉丝的微博下参与评论，增进与粉丝之间的交流。

最后，在微博账号运营初期，我们可以把评论、私信、转发对所有人开放，但是在后期影响力逐渐变大之后，提醒太多也会变成一种负担，那么我们就可以进行"隐私设置"。

在新浪微博个人账号界面的"隐私设置"中我们可以选择评论、转发、私信以及@提醒的三种权限，即所有人可用、可信用户可用（包括"我关注的人""新浪认证用户""微博达人""手机绑定用户""身份验证用户"）、"我关注的人"可用，这为我们管理自己的微博提供了极大的便利。

12.4.2 以话题提升微博的转发量

这里的话题包括两种含义：一是热点信息，具有话题性、传播性等特征，能够引发用户讨论和转发的微博都是话题；二是微博里的话题功能，我们可以在话题的两端添加"#"，这样可以引发更多人的关注。那么我们如何利用这两种话题来提升微博的转发量呢？

1. 通过热点话题提升转发量

我们先举个例子，比如某微博用户发布了一个关于中国医师节的微博，选择了"#中国医师节#""#医生有你#"两个话题。

"#中国医师节#"这条微博在上午八点半发布，传播速度比较慢，过了两个多小时转发次数仅一百多次，由于人们对于医师节知之甚少，也没有名人的参与，这个话题的传播效果并不好；而"#医生有你#"这个话题的发帖量相对更多，传播得也就更广。虽然很多人并不是博主的粉丝，但是由于"#医生有你#"这个话题，很多用户都会注意到博主，转发该微博之后就带来了新增转发量。

知名大V同道大叔经常发布热门微博，主题多半是星座。事实上，星座一直都是热门话题，尤其是处女座。同道大叔非常善于利用这种热门话题，通过对话题进行分类，并且编写序号来持续运营话题。

例如处女座的用户看到了关于双子座的内容，那么就很有可能想找到关于吐槽处女座的内容，此时只要点击微博中带有"#"的话题就可以跳转话题页面，找到感兴趣的内容，这样就能增加系列帖的阅读量。阅读的数量增加，那么转发量自然也会增加。

如果有人做过长期的企业运营就会知道一个词，那就是"养词"或者说"占位"。什么是"养词"？其含义就是通过长期的运营让大家看到这个词就能想到某企业或者某品牌。

"养词"或者说"占位",一般来说是一个创造性的概念,最常见的就是京东的"6·18"以及淘宝的"双十一"。除此之外,它也是一种形象的定位,比如唯品会的定位是"闪购"、美团网的定位是"团购"、小米的定位是"抢购"等。

在微博运营中的"养词"或者说"占位",指的是抢占并且推广的微博话题。因此,我们可以在微博中找到一个适合自己内容的话题,及时推广,让其成为自己微博账号的代名词,吸引更多的用户参与互动。

2. 通过微博话题提升转发量

有的微博话题,不仅拥有较多的阅读量和转发量,话题中还隐含着品牌的名称,这样的话题下都是与自己品牌活动相关的帖子,不会与其他的话题撞车,例如"#小米酷玩帮#"。

而中国电信"#天翼飞young好声音#"这样的话题,优点和缺点都很明显,优点即品牌特征明显,缺点则是中英文混杂在一起,不方便记忆,广告色彩浓厚,不容易被传播。

因此,我们在微博话题运营中也要注意一些事项,包括:

一是话题中的词语要有聚类感。

二是避免歧义或者撞车。

三是话题尽量选择较短的词语,避免出现冷僻词或者中英文混写。

3. 通过微博内容提升转发量

我们除了利用热点话题或者自己选择微博话题外,也可以通过输出优质的微博内容来提升转发量。具体来说,可以按照以下的方法做。

(1) 分享干货

比如:

@Cloud_LJY: #PPT模板#5000套PPT模版,各行各业,20多个行业总类。附网页链接。

(2) 抽奖活动

例如:

@新浪电影: #黑衣人电影全网上线#《黑衣人:全球追缉》于8月16日在全网正式上线,索尼影视给我们提供了一些电影限量周边用来抽奖,包括[MIBxJoyRich联名款小熊、MIB防盗钱包、MIB无线充电鼠标垫、MIB电动牙刷和激光笔],转发这条微博可以参与,下周一抽两位网友打包送出。@黑衣人系列电影。

(3) 话题加接龙

"接龙"其实是利用了人们的从众心理。在微博中,偶然的接龙并不多,大多数成功的接龙往往都是策划的结果。这样的接龙有适当的选题和团队的协作,并且节奏也完全由运营团队掌握,是微博中最常见的运营手法之一。

一条好的微博,除了有优质的内容,也需要符合当下网友的情感状态,才能得到大V的转发。除了这些因素之外,接龙时的评语是否精彩也是很重要的影响因素。特别在某些情况下,一条微博的火爆并不是因为内容有多好,而是因为它激发了网友的创作热情,让大家都参与进来,无形之中极大地促进了转发。

具体来说,接龙的步骤如下图所示。

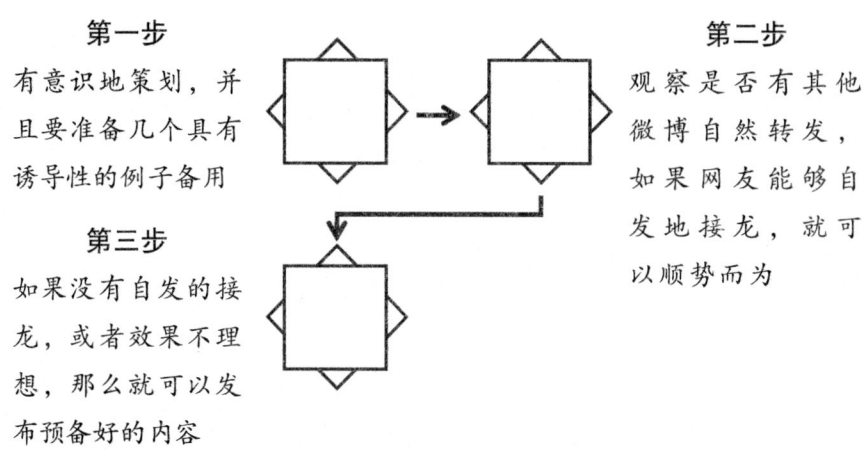

话题接龙的步骤

总之,我们可以巧妙地利用微博的即时热点来选取合适的话题,在评论中用人们生活中常见或者常用的事物与之相融合,这样不仅增加了趣味性,也降低了接龙的难度,能够吸引更多的人来参与。同时,我们应该适时地在转发降温的时候及时发帖引导网友继续模仿,用联想激发出更多的创意,延长微博的传播周期。

12.4.3 防止掉粉

有些运营者往往很努力地发帖来吸引用户的关注,但是粉丝的数量在好不容易得到了增长后,用不了多久又回到了原点。事实上,微博粉丝数量下滑通常是以下几个方面的因素造成的。

1. 刷屏

当我们频繁地发布一些没有价值的微博的时候,粉丝往往会失去阅读的兴趣，长此以往便会取消关注。

在早期的新浪微博中有一个功能叫"微访谈"，只要有提问就会自动同步到微博动态，这样一来粉丝就会在一个小时内连续看到十几条微博。即使博主是名人，回答的问题也很有价值，粉丝依旧会认定他在刷屏，从而取消关注。

2. 缺乏原创

很多博主由于缺乏原创的能力，往往会选择转发他人的内容来维持运营，或者是发布的内容缺乏吸引力，无病呻吟，这样一来粉丝就会认为关注的这个博主缺乏价值，没有继续关注的必要。

3. 广告帖过多

一个账号在拥有了较多的粉丝、具有了一定的影响力之后，就有了广告商业价值。但是如果微博中总是发布广告，缺乏有价值的内容，不但会引发粉丝的大量吐槽，还会导致他们取消关注。

4. 与粉丝立场相抵触

粉丝喜欢一个博主的理由往往是认为他符合自己的某种价值观，能够在一定程度上代表自己的观点。一旦发现某博主的立场与自己不同甚至相违背，那么他会认为该博主与自己的心理预期相矛盾，很有可能会取关甚至展开攻击，这种行为在网络上被称为"粉转黑"。

事实上，无论我们如何运营，粉丝的数量有增加也会有减少，最重要的是我们能够坚持做优质的内容，以优质的内容来吸引用户互动，这样得来的粉丝才会更有黏性，才能长期维持微博的活跃度。